HONG KONG GUIDA VIGGIO 2024

Esplorando il Dragon's Back Trail, il Victoria Harbour, il Victoria Peak e molto altro ancora con cucine, fuori dai sentieri battuti e hotel

D1672234

EDITH W. LORENZ

Panoramica

Situata sullo sfondo di imponenti grattacieli e immersa nell'abbraccio del Victoria Harbour, Hong Kong è un'accattivante fusione di Oriente e Occidente, dove la tradizione danza armoniosamente con la modernità. Una sinfonia di luci abbaglianti illumina lo skyline, mettendo in mostra l'energia inarrestabile e l'incessante innovazione della città. L'iconico skyline, punteggiato da meraviglie architettoniche, riflette lo spirito dinamico di Hong Kong, a testimonianza del suo status di hub finanziario globale.

Al di là dello spettacolo urbano, il cuore della città batte con un ricco intreccio di cultura. Antichi templi sussurrano storie di secoli passati, mentre i vivaci mercati coinvolgono i sensi con una miriade di colori, aromi e sapori. La scena culinaria di Hong Kong è un'avventura gastronomica, dai deliziosi dim sum alle prelibatezze stellate Michelin, che soddisfano ogni palato.

Eppure, in mezzo al caos vibrante, emergono sacche di tranquillità. Lussureggianti colline verdi e isole serene offrono una fuga dal trambusto urbano, invitando all'esplorazione e alla contemplazione. Hong Kong, un luogo dove l'innovazione converge con la tradizione, dove antiche usanze convivono con tendenze all'avanguardia, rapisce l'anima e lascia un segno indelebile in tutti coloro che hanno la fortuna di vivere la sua magia unica.

Capitolo 1

Attrazioni

Attrazioni principali

Victoria Peak: Victoria Peak, noto anche come "The Peak", è il fiore all'occhiello dello skyline di Hong Kong, che offre viste panoramiche a dir poco mozzafiato. Salendo a un'altitudine di 552 metri, i visitatori possono raggiungere la vetta tramite lo storico Peak Tram o optare per sentieri escursionistici panoramici. Una volta in cima, una piattaforma panoramica offre un punto di osservazione impareggiabile, mostrando gli scintillanti grattacieli della città, il Victoria Harbour e le isole circostanti. Particolarmente incantevole durante il tramonto e dopo il tramonto, lo skyline si trasforma in un ipnotico mare di luci. The Peak non è solo uno spettacolo visivo, ma anche sede di ristoranti e negozi, tra cui l'iconica Peak Tower. Che sia di giorno o di notte, il Victoria Peak è un simbolo emblematico di Hong Kong, offrendo una prospettiva indimenticabile sull'energia vibrante e sul fascino cosmopolita della città.

Victoria Harbour: Victoria Harbour, un abbagliante gioiello acquatico abbracciato dall'iconico skyline di Hong Kong, è una testimonianza della grandezza marittima della città. Situato tra l'isola di Hong Kong e la penisola di Kowloon, questo porto naturale è famoso per i suoi panorami spettacolari e le attività marittime. Una sinfonia di traghetti, giunche tradizionali e navi moderne attraversano le sue acque sullo sfondo di imponenti grattacieli. La Sinfonia di Luci, uno spettacolo multimediale notturno, illumina il porto, trasformandolo in uno spettacolo radioso di colori e musica sincronizzata. La passeggiata di Tsim Sha Tsui e il Central Harbourfront offrono punti panoramici perfetti per ammirare il fascino del porto. Lo Star Ferry, un simbolo intramontabile di Hong Kong, traghetta i passeggeri attraverso le sue acque, offrendo un viaggio nostalgico con panorami impareggiabili. Victoria Harbour non è solo un corso d'acqua; è il cuore pulsante di una metropoli dinamica, che incarna la fusione di bellezza naturale e raffinatezza urbana che definisce il fascino di Hong Kong.

Passeggiata di Tsim Sha Tsui: la passeggiata di Tsim Sha Tsui, un affascinante tratto di lungomare di Kowloon, è un vivace arazzo di vita urbana e bellezza paesaggistica. Lungo questa iconica passeggiata, i visitatori possono godere di viste panoramiche sullo skyline di Hong Kong, famoso in tutto il mondo, e sul maestoso Victoria Harbour. Il Viale delle Stelle, che rende omaggio all'eredità cinematografica della città, fiancheggia il lungomare con impronte di mani di celebrità, statue e mostre affascinanti.

Passeggiare lungo la Tsim Sha Tsui Promenade svela un'esperienza sensoriale, dalle vibranti esibizioni di strada al flusso ritmico dei traghetti e delle giunche che navigano nel porto. Quando il sole tramonta, il paesaggio urbano si trasforma in uno spettacolo abbagliante di luci, completato dalla Sinfonia di Luci, uno spettacolo multimediale notturno che illumina i grattacieli.

Il lungomare è anche una porta d'accesso ad attrazioni culturali come il Centro Culturale di Hong Kong e il Museo dello Spazio di Hong Kong. Offrendo un perfetto mix di svago e arricchimento culturale, il Tsim Sha Tsui Promenade è una testimonianza della capacità di Hong Kong di fondere perfettamente la modernità con la bellezza naturale lungo il suo incantevole lungomare.

Isola di Lantau: L'isola di Lantau, la più grande isola periferica di Hong Kong, è un paradiso di bellezze naturali e tesori culturali. Raggiungibile in traghetto o con la funivia panoramica Ngong Ping 360, Lantau offre un paesaggio di vegetazione lussureggiante, spiagge incontaminate e tradizionali villaggi di pescatori. Nel suo cuore si trova Ngong Ping, sede del famoso Tian Tan Buddha, una maestosa statua di bronzo alta 34 metri che guarda serenamente il paesaggio. I visitatori possono salire i 268 gradini fino alla piattaforma, immergendosi nelle viste panoramiche del Mar Cinese Meridionale.

Lantau non è solo un santuario spirituale, ma anche un paradiso per gli appassionati di attività all'aria aperta. Il Monastero di Po Lin, un ritiro spirituale, arricchisce ulteriormente l'arazzo culturale di Lantau.

Star Ferry: Lo Star Ferry, emblema duraturo del patrimonio marittimo di Hong Kong, trascende il suo ruolo di semplice mezzo di trasporto, diventando un'esperienza culturale preziosa. Dalla sua inaugurazione nel 1888, il traghetto ha solcato con grazia le acque del Victoria Harbour, collegando l'isola di Hong Kong e la penisola di Kowloon. Un viaggio breve ma incantevole, lo Star Ferry offre una vista senza ostacoli sull'affascinante skyline della città, creando un'impressione indelebile sui passeggeri.

La flotta di iconici traghetti verdi e bianchi, con il loro design distintivo, offre un legame nostalgico con il passato di Hong Kong. Il viaggio si svolge sullo sfondo dei grattacieli della città, creando una sinfonia di luci di notte. Essendo uno dei modi più convenienti e panoramici per attraversare il porto, lo Star Ferry è un must sia per la gente del posto che per i visitatori, favorendo un senso di connessione con le radici marittime della città e offrendo una prospettiva senza tempo sul paesaggio urbano in continua evoluzione di Hong Kong.

Isola di Lamma: L'isola di Lamma, una tranquilla fuga dal trambusto urbano di Hong Kong, è un'oasi serena che fonde il fascino del tradizionale villaggio di pescatori con la bellezza naturale. Raggiungibile con un traghetto panoramico, l'isola accoglie i visitatori con la sua atmosfera rilassata, le spiagge incontaminate e i paesaggi verdeggianti. L'assenza di automobili aumenta il fascino della pace e l'esplorazione è principalmente a piedi o in bicicletta.

I villaggi principali, Yung Shue Wan e Sok Kwu Wan, offrono una deliziosa fusione di ristoranti di pesce, negozi artigianali e residenze colorate. I sentieri escursionistici di Lamma, come il Family Trail e il Lamma Island Family Walk, conducono attraverso lussureggianti colline fino a punti panoramici, che mostrano la variegata flora e fauna dell'isola.

L'isola è anche rinomata per il suo annuale Lamma Dragon Boat Festival, una vivace celebrazione delle regate tradizionali e della cultura locale. Con il suo ritmo tranquillo e l'ambiente idilliaco, l'isola di Lamma invita i visitatori ad assaporare un lato più lento e contemplativo di Hong Kong, rendendola un rifugio prezioso per gli amanti della natura e per coloro che cercano una tregua dal clamore urbano.

Dragon's Back Trail: Il Dragon's Back Trail, annunciato come uno dei percorsi escursionistici più panoramici di Hong Kong, si svolge come un mitico viaggio attraverso creste ondulate e paesaggi lussureggianti. Accessibile dal lato orientale dell'isola di Hong Kong, il sentiero offre una fuga tonificante dall'espansione urbana.

Chiamato così per le sue cime sinuose che ricordano la spina dorsale di un drago, il sentiero presenta panorami mozzafiato su Shek O, Tai Long Wan e sul Mar Cinese Meridionale. Il trekking inizia con una graduale salita attraverso boschi ombreggiati, che portano a punti panoramici che mostrano lo skyline della città giustapposto alla bellezza costiera.

Il terreno poco impegnativo, segnato da sentieri ben tenuti, rende Dragon's Back adatto ad escursionisti di vari livelli di abilità. Mentre il sentiero si snoda lungo il crinale, prevalgono brezze fresche e un senso di serenità. Il viaggio culmina a Big Wave Bay, dove le sabbie dorate e le acque azzurre invitano a un tuffo rinfrescante dopo l'escursione.

Il Dragon's Back Trail sposa perfettamente lo splendore naturale con l'accessibilità, offrendo un'esperienza escursionistica indimenticabile che invita sia la gente del posto che i visitatori ad assaporare la topografia mozzafiato di Hong Kong.

Ocean Park: Ocean Park, situato sulla costa meridionale dell'isola di Hong Kong, è un parco a tema di prim'ordine che fonde perfettamente intrattenimento, istruzione e conservazione. Attraversato da paesaggi lussureggianti, il parco è diviso in due aree principali, il Waterfront e il Summit, collegate da una funivia panoramica o da una funicolare nota come Ocean Express.

La zona Waterfront ospita attrazioni come Aqua City e il Grand Aquarium, dove i visitatori possono ammirare la variegata vita marina. Nel frattempo, il Summit ospita giostre da brivido come le montagne russe Hair Raiser e l'iconica Ocean Park Tower che offre viste panoramiche.

Oltre alle giostre adrenaliniche, Ocean Park enfatizza la consapevolezza e la conservazione dell'ambiente attraverso mostre interattive e incontri con gli animali. L'impegno del parco per la conservazione marina è esemplificato dai suoi panda giganti residenti, ospitati nella zona Giant Panda Adventure.

Il fascino dell'Ocean Park si estende oltre gli amanti del brivido, rivolgendosi alle famiglie, agli appassionati di fauna selvatica e a coloro che cercano un'accattivante miscela di intrattenimento ed educazione sullo sfondo della bellezza naturale di Hong Kong.

Ngong Ping 360: Ngong Ping 360, un'avventura panoramica aerea sull'isola di Lantau, invita i visitatori a intraprendere un viaggio che trascende l'ordinario. L'esperienza inizia con un giro in funivia, che offre viste panoramiche sul paesaggio lussureggiante, sul Mar Cinese Meridionale e sull'iconico Tian Tan Buddha. Il viaggio copre 5,7 chilometri, culminando nel villaggio di Ngong Ping, ricco di cultura.

All'arrivo, i visitatori sono immersi in un mondo di esplorazione spirituale e culturale. Il maestoso Tian Tan Buddha, arroccato in cima a una collina, affascina con la sua serena presenza, mentre il Monastero di Po Lin trasuda tranquillità. Ngong Ping 360 integra perfettamente la tecnologia moderna con il fascino tradizionale, offrendo una festa sensoriale per i viaggiatori.

L'esperienza immersiva si estende al Sentiero della Saggezza, un tranquillo sentiero fiancheggiato da colonne di legno con iscrizioni con scritture buddiste. L'esperienza Ngong Ping 360 è una miscela armoniosa di bellezza naturale, ricchezza culturale e trasporti innovativi, che la rendono una parte essenziale di qualsiasi esplorazione dell'isola di Lantau.

Tempio di Wong Tai Sin: Il Tempio di Wong Tai Sin, un venerato santuario taoista situato a Kowloon, è una testimonianza dell'eredità spirituale di Hong Kong. Dedicato alla divinità Wong Tai Sin, il tempio è una miscela armoniosa di architettura tradizionale cinese e colori vivaci, creando un'oasi serena in mezzo al trambusto urbano. Sia i devoti che i visitatori sono attratti dal Tempio di Wong Tai Sin per la sua aura divina e la convinzione che le preghiere qui abbiano un profondo impatto.

La sala principale, ornata da intricati intagli e decorazioni ornate, ospita la statua divina di Wong Tai Sin. Il complesso del tempio si estende su splendidi giardini, cappelle dedicate a diverse divinità e la Sala dei Tre Santi. I servizi di cartomanzia, una caratteristica unica del tempio, offrono spunti sul proprio destino.

Il Tempio di Wong Tai Sin non è solo un sito religioso; racchiude un'esperienza culturale, ospitando festival come la celebrazione del compleanno di Wong Tai Sin, dove l'aria si riempie di incenso, canti e un palpabile senso di spiritualità. Rimane un rifugio prezioso per i cercatori di conforto e per i credenti nell'interconnessione dei regni spirituali e terreni.

Stanley Market: lo Stanley Market, situato sulla costa meridionale dell'isola di Hong Kong, è un vivace mercato che attira con la sua vivace gamma di negozi e bancarelle. Famoso per la sua atmosfera rilassata e la sua variegata offerta, il mercato è uno scrigno di arte, artigianato, abbigliamento e souvenir. I visitatori possono esplorare le strette stradine fiancheggiate da bancarelle che vendono di tutto, dall'antiquariato cinese e indumenti di seta a opere d'arte contemporanea e bigiotteria.

La posizione balneare del mercato ne aumenta il fascino, offrendo uno sfondo scenografico per lo shopping tranquillo. La vicina Stanley Promenade offre una vista mozzafiato sull'oceano, creando un ambiente perfetto per una passeggiata dopo lo shopping.

Oltre allo shopping, lo Stanley Market vanta un mix eclettico di opzioni per la ristorazione, che vanno dalle tradizionali case da tè alla cucina internazionale. La fusione di cultura, arte e commercio del mercato crea un'atmosfera unica, rendendolo una delle destinazioni preferite sia dalla gente del posto che dai turisti in cerca di un'esperienza di shopping rilassante nel cuore del fascino costiero di Hong Kong.

Villaggio di pescatori di Sai Kung: situato lungo la pittoresca costa di Sai Kung, il villaggio di pescatori è una testimonianza del patrimonio marittimo di Hong Kong. Il villaggio di pescatori di Sai Kung, una tranquilla fuga dal trambusto urbano, emana un fascino tradizionale con i suoi vivaci mercati del pesce, le palafitte e il vivace porto.

Il villaggio è una porta d'accesso allo splendido Sai Kung Country Park, noto per le sue acque color smeraldo e i paesaggi incontaminati. I visitatori possono intraprendere gite in barca per esplorare le isole circostanti, le spiagge appartate e le affascinanti formazioni del geoparco.

Gli amanti dei frutti di mare troveranno pane per i loro denti nei vivaci mercati del pesce, dove le colorate esposizioni di pescato fresco tentano il palato. I ristoranti di pesce in riva al mare offrono un'esperienza culinaria unica con uno sfondo di barche ondeggianti e la brezza marina.

Al di là del suo fascino marittimo, il villaggio di Sai Kung è un punto di riferimento per gli appassionati di attività all'aria aperta, che offre sentieri escursionistici, punti panoramici e attività acquatiche. Il villaggio racchiude una miscela armoniosa di patrimonio culturale e bellezze naturali, rendendolo una destinazione imperdibile per chi cerca un'esperienza autentica e idilliaca a Hong Kong.

Parco della città fortificata di Kowloon: il parco della città recintata di Kowloon, situato in mezzo all'espansione urbana di Kowloon, si erge come una serena testimonianza sia di storia che di tranquillità. Un tempo un insediamento densamente popolato e non governato, il sito è stato trasformato in un bellissimo parco paesaggistico, che conserva i resti del suo passato leggendario.

L'importanza storica del parco si riflette nelle sue antiche mura di pietra, nell'intricata architettura tradizionale cinese e nella Porta Sud, che rimane una porta d'accesso a un'epoca passata. Passeggiando tra i lussureggianti giardini e i tranquilli laghetti di loto, i visitatori possono esplorare strutture meticolosamente restaurate come la Porta Sud e i resti dell'ex Muro Sud della Città Murata.

Il Kowloon Walled City Park fonde perfettamente natura e storia, offrendo un rifugio tranquillo dalla vivace città. L'architettura, i padiglioni e le mostre culturali del parco mettono in mostra il ricco patrimonio di Kowloon, invitando sia la gente del posto che i visitatori a riflettere sul passare del tempo e sulla trasformazione di un'enclave un tempo caotica in un armonioso paradiso di conservazione culturale.

Spiaggia di Shek O: La spiaggia di Shek O è un paradiso baciato dal sole, celebrato per le sue sabbie dorate, le acque azzurre e la vibrante atmosfera costiera. Abbracciata da lussureggianti colline verdi, la spiaggia offre una pittoresca fuga dal trambusto urbano.

Shek O è rinomata non solo per le sue coste incontaminate, ma anche per la sua atmosfera rilassata e gli sport acquatici. I surfisti cavalcano le onde, mentre i bagnanti si crogiolano al sole o si godono i picnic in riva al mare. Le diverse opzioni per la ristorazione della spiaggia, dalle bancarelle di pesce locale ai caffè sulla spiaggia, si aggiungono al suo fascino.

Una passeggiata panoramica lungo la costa porta i visitatori a Dragon's Back, che offre viste panoramiche sulla costa. Lo Shek O Village, con la sua architettura tradizionale e il suo fascino pittoresco, completa l'esperienza in spiaggia.

Che tu sia alla ricerca di avventura, relax o un assaggio della cultura costiera, Shek O Beach è una destinazione per eccellenza, invitando sia la gente del posto che i turisti ad assaporare il sole, il mare e un tocco di fascino costiero bohémien sulle rive di Hong Kong.

Ippodromo di Happy Valley: L'ippodromo di Happy Valley, è un centro pulsante per gli appassionati di corse di cavalli e un'icona culturale nel cuore della metropoli. Fondato nel 1846, l'ippodromo si è evoluto in uno dei luoghi di gara più iconici del mondo, con uno sfondo di grattacieli imponenti che si aggiungono al suo fascino unico.

Ogni mercoledì sera, durante la stagione delle corse, la sede si trasforma in uno spettacolo vibrante, attirando folle desiderose di provare l'emozione delle corse di purosangue. L'atmosfera elettrizzante, accentuata dagli applausi degli spettatori, è completata da una vasta gamma di opzioni per la ristorazione, dai piatti informali ai ristoranti di lusso.

L'ippodromo di Happy Valley non è solo un centro per le corse di cavalli, ma anche un fenomeno culturale, che racchiude la passione della città per lo sport e il divertimento. Che si tratti di uno scommettitore esperto o di un osservatore occasionale, l'ippodromo offre un'indimenticabile miscela di fervore sportivo, energia urbana e il brivido del manto erboso nel cuore di Hong Kong.

Lion Rock: Lion Rock, un'iconica vetta di granito che si erge maestosa sopra Kowloon e i Nuovi Territori di Hong Kong, non è solo una meraviglia geologica, ma un simbolo di resilienza e unità. Chiamata così per la sua somiglianza con un leone accovacciato, la montagna si trova al crocevia tra sviluppo urbano e bellezze naturali.

L'ascesa a Lion Rock è un sentiero escursionistico molto popolare, che premia gli avventurieri con viste panoramiche sul paesaggio urbano e sui paesaggi circostanti. La cima, caratterizzata da una caratteristica formazione rocciosa a forma di leone, è diventata un punto di ritrovo per la gente del posto, simbolo di forza, determinazione e solidarietà durante i tempi difficili della storia di Hong Kong.

Lion Rock trascende il suo significato geologico, fungendo da metaforico faro di speranza e spirito di comunità. La sua prominenza è accentuata durante la sera, quando le luci della città illuminano la sua silhouette, favorendo un senso di connessione tra la natura e la vita urbana. Lion Rock è una testimonianza dello spirito incrollabile di Hong Kong, invitando sia gli escursionisti che gli osservatori contemplativi a testimoniare la sua eredità duratura da diversi punti di osservazione in tutta la città.

Repulse Bay: Situata sulla costa meridionale dell'isola di Hong Kong, Repulse Bay è un'accattivante miscela di bellezze naturali e raffinata vita costiera. Le sue sabbie dorate a forma di mezzaluna sullo sfondo di colline verdeggianti creano un ambiente pittoresco, rendendolo una destinazione preferita sia per la gente del posto che per i visitatori in cerca di tregua dal clamore urbano.

Al di là del suo fascino scenico, Repulse Bay offre un mix di servizi di lusso, tra cui residenze di fascia alta, ristoranti sul lungomare e boutique di stilisti. La spiaggia, con le sue acque limpide, attrae sia gli amanti della tintarella che gli appassionati di sport acquatici, mentre il vicino Santuario di Kwun Yam aggiunge un tocco di ricchezza culturale.

La scenografica Repulse Bay Walk, fiancheggiata da statue raffiguranti scene della mitologia cinese, conduce alla Repulse Bay Arcade in stile coloniale, che fonde tradizione ed eleganza contemporanea. La South Bay Beach e la Deep Water Bay aumentano ulteriormente il fascino costiero, creando una triade costiera che incarna il fascino e la raffinatezza della costa meridionale di Hong Kong. Repulse Bay si erge come un paradiso dove la bellezza naturale converge con il lusso, offrendo un delizioso rifugio lungo la costa panoramica di Hong Kong.

Villaggio di pescatori di Aberdeen: il villaggio di pescatori di Aberdeen, situato sulla costa meridionale dell'isola di Hong Kong, è un'enclave accattivante che racchiude il patrimonio marittimo e il fascino tradizionale della città. Una giustapposizione di giunche tradizionali e grattacieli moderni, Aberdeen trasuda un'accattivante miscela di vecchio e nuovo.

Gli iconici ristoranti galleggianti di pesce del villaggio, dove i commensali gustano il pescato fresco su piattaforme galleggianti, mostrano il fascino senza tempo delle tradizioni culinarie di Hong Kong. I tradizionali sampan, un tempo essenziali per la pesca, ora offrono piacevoli tour intorno al porto, offrendo una prospettiva unica sulla vita marittima di Aberdeen.

Il Tempio di Tin Hau, dedicato alla dea del mare, aggiunge un tocco di spiritualità al villaggio, mentre la vivace Aberdeen Promenade invita a passeggiare sul lungomare. Le annuali gare di dragon boat di Aberdeen animano ulteriormente il porto, attirando sia la gente del posto che i visitatori per assistere all'esilarante spettacolo.

L'Aberdeen Fishing Village è una testimonianza della capacità di Hong Kong di preservare le sue radici marittime in un paesaggio urbano dinamico, invitando tutti coloro che lo visitano a intraprendere un viaggio sensoriale attraverso le tradizioni marinare e la ricchezza culturale della città.

Musei e Gallerie

Il panorama culturale di Hong Kong è ricco e diversificato e i suoi musei e gallerie svolgono un ruolo fondamentale nel preservare la storia della città, mostrare l'arte contemporanea e promuovere una comprensione più profonda del suo patrimonio culturale. Dalle istituzioni di livello mondiale agli spazi artistici indipendenti, Hong Kong offre una gamma dinamica di luoghi che soddisfano un ampio spettro di interessi. Ecco alcuni dei musei e delle gallerie di Hong Kong:

1. Museo Di Storia Di Hong Kong:

Situato a Tsim Sha Tsui, il Museo di Storia di Hong Kong è un'istituzione completa che racconta l'evoluzione della città dai tempi antichi ai giorni nostri. Le mostre coprono una vasta gamma di argomenti, tra cui l'archeologia, l'etnografia e la storia sociale e politica di Hong Kong. Gli allestimenti immersivi e le presentazioni multimediali del museo offrono ai visitatori un viaggio accattivante attraverso il passato della città.

2. Museo d'arte di Hong Kong:

Situato lungo il lungomare di Victoria Harbour a Tsim Sha Tsui, l'Hong Kong Museum of Art è un punto di riferimento per gli appassionati d'arte. Rinomato per la sua vasta collezione di arte cinese e di Hong Kong, il museo presenta anche capolavori internazionali e opere contemporanee. Il museo, recentemente rinnovato, vanta spazi espositivi all'avanguardia, che lo rendono un centro di scambio culturale e di apprezzamento artistico.

3. Tai Kwun - Centro per il Patrimonio e le Arti:

Immerso nel cuore di Central, Tai Kwun è un complesso culturale che fonde perfettamente la conservazione del patrimonio con l'arte contemporanea. Ospitato all'interno dello storico complesso della stazione di polizia centrale, Tai Kwun dispone di spazi espositivi, luoghi per spettacoli e zone di narrazione del patrimonio. Funge da piattaforma per artisti locali e internazionali, favorendo un dialogo dinamico tra passato e presente.

4. Museo del Patrimonio di Hong Kong:

Situato a Sha Tin, l'Hong Kong Heritage Museum è dedicato alla conservazione e alla promozione del ricco patrimonio culturale della regione. Il museo espone una vasta gamma di mostre, tra cui arte, storia e cultura popolare. I suoi display interattivi e le mostre tematiche la rendono una destinazione adatta alle famiglie, offrendo un'esperienza coinvolgente per i visitatori di tutte le età.

5. Museo della Scienza di Hong Kong:

Per coloro che sono affascinati dalla scienza e dalla tecnologia, il Museo della Scienza di Hong Kong a Tsim Sha Tsui è uno scrigno di mostre interattive e mostre educative. Il museo copre una vasta gamma di discipline scientifiche, rendendolo una destinazione ideale per famiglie, studenti e menti curiose desiderose di esplorare le meraviglie del mondo naturale.

6. Spazio 1A:

1a space è un'organizzazione di arte visiva contemporanea senza scopo di lucro che è stata un attore chiave nella scena artistica indipendente di Hong Kong sin dalla sua fondazione nel 1998. Fornisce una piattaforma per artisti emergenti, promuovendo pratiche sperimentali e innovative. Con l'impegno di sostenere i talenti locali, 1a space contribuisce al dinamico ecosistema artistico della città.

7. Centro di Hong Kong della Società Asiatica:

Situato ad Admiralty, l'Asia Society Hong Kong Center combina arte, cultura e istruzione in un ambiente tranquillo. Il centro ospita una serie di programmi, tra cui mostre d'arte, spettacoli e discussioni, con particolare attenzione alla promozione della comprensione e del dialogo interculturale. Il bellissimo sito storico dispone anche di un lussureggiante giardino, che offre un rifugio sereno nel cuore della città.

8. Spazio di street art a olio:

Situato a North Point, Oil Street Art Space è un luogo d'arte contemporanea che mette in mostra opere sperimentali e interdisciplinari. Funge da piattaforma per artisti locali e internazionali, fornendo uno spazio per l'esplorazione di nuove idee ed espressioni artistiche. Con il suo impegno nel promuovere una comunità artistica dinamica e aperta, Oil Street Art Space contribuisce al panorama culturale d'avanguardia della città.

9. Per il sito web:

Para Site è uno dei principali spazi d'arte contemporanea di Hong Kong che si concentra sull'arte visiva e sulla cultura contemporanea. In qualità di organizzazione senza scopo di lucro, Para Site si dedica a coltivare le pratiche artistiche attraverso mostre, programmi educativi e iniziative di ricerca. Ha svolto un ruolo cruciale nel plasmare il discorso sull'arte contemporanea nella regione.

10. Galleria del Loto Blu:

Blue Lotus Gallery è uno spazio d'arte contemporanea situato nella zona di Wong Chuk Hang. Specializzata in fotografia e arti visive, la galleria rappresenta sia artisti emergenti che affermati. Con un'attenzione particolare alla narrazione e alle narrazioni culturali, la Blue Lotus

Gallery contribuisce al dialogo sulla cultura visiva contemporanea a Hong Kong.

11. Oi! (Spazio di Street Art dell'olio):

Oi! è uno spazio d'arte contemporanea situato a North Point, ospitato in un edificio storico rivitalizzato. Funge da piattaforma per pratiche artistiche sperimentali e interdisciplinari, ospitando mostre, performance ed eventi culturali. Oi! contribuisce al paesaggio culturale della città sostenendo la sperimentazione artistica e impegnandosi con la comunità locale.

I musei e le gallerie di Hong Kong riflettono lo spirito dinamico della città, abbracciando sia la sua ricca storia che la creatività contemporanea. Che tu sia interessato ad approfondire il passato della città, esplorare l'arte contemporanea all'avanguardia o immergerti nello scambio culturale, le istituzioni culturali di Hong Kong offrono una miriade di esperienze. Man mano che la città continua ad evolversi, anche la sua scena culturale continua ad evolversi, rendendola una destinazione entusiasmante per gli amanti dell'arte, gli appassionati di storia e chiunque cerchi una connessione più profonda con l'anima dinamica di Hong Kong.

Sagre ed Eventi

Hong Kong, una città pulsante di energia e diversità, vanta un vivace calendario di festival ed eventi che riflettono la sua ricca cultura. Dalle celebrazioni tradizionali cinesi alle stravaganze internazionali, lo spirito festivo della città è contagioso e attira gente del posto e visitatori in un vortice di colori, suoni e tradizioni durante tutto l'anno.

Capodanno cinese (la data varia)

Dando il via all'anno con un'esplosione di colori ed energia, il Capodanno cinese è la festa più significativa e ampiamente celebrata di Hong Kong. La data varia ogni anno, in linea con il calendario lunare, ma i festeggiamenti durano in genere circa 15 giorni. La città si trasforma in un mare di rosso e oro mentre le danze del leone e del drago riempiono le strade, simboleggiando la buona fortuna e allontanando gli spiriti maligni. L'iconico spettacolo pirotecnico sul Victoria Harbour è un punto culminante, che illumina il cielo notturno in uno spettacolo abbagliante.

Festa delle Lanterne (15° giorno del Capodanno lunare - di solito febbraio o marzo)

Segnando la fine delle celebrazioni del Capodanno cinese, la Festa delle Lanterne cade il 15° giorno del mese lunare. Il Victoria Park ospita uno spettacolare

Lantern Wonderland, con intricate esposizioni di lanterne, spettacoli culturali e una vivace parata di lanterne. Questo evento offre una magica opportunità per sperimentare l'artigianato e l'arte tradizionale cinese.

Festival dei panini di Cheung Chau (la data varia - di solito aprile o maggio)

Questo festival unico e stravagante si svolge sull'isola di Cheung Chau, con torri di chignon, sfilate e processioni colorate. Sia la gente del posto che i visitatori sono attratti dall'isola per la Bun Scrambling Competition, in cui i partecipanti scalano imponenti strutture di bambù per raccogliere panini fortunati, che si ritiene portino fortuna.

Carnevale di Hong Kong Dragon Boat (la data varia - di solito giugno)

Un'emozionante fusione di sport e tradizione, il Dragon Boat Carnival è un momento clou dell'estate di Hong Kong. Il Victoria Harbour diventa un palcoscenico per le palpitanti gare di dragon boat, dove le squadre remano furiosamente al ritmo dei tamburi, gareggiando per la gloria. L'evento include anche vivaci spettacoli culturali e un'atmosfera carnevalesca sul lungomare.

Hong Kong International Dragon Boat Races (5° giorno del 5° mese lunare - di solito giugno)

Mentre fanno parte del Dragon Boat Carnival, le Hong Kong International Dragon Boat Races meritano una menzione speciale. Le gare commemorano la vita e la morte dell'antico poeta cinese Qu Yuan, con squadre provenienti da tutto il mondo che convergono a Hong Kong per mostrare la loro abilità di pagaiata.

Fiera del libro di Hong Kong (la data varia - di solito luglio)

Per gli appassionati di letteratura, la Fiera del Libro di Hong Kong è un paradiso di libri, autori e discussioni letterarie. Questo evento della durata di una settimana attira bibliofili da vicino e da lontano, con lanci di libri, autografi e una miriade di attività legate alla lettura. È una celebrazione delle parole e delle idee, che promuove l'amore per la letteratura nel cuore della città.

Festa di metà autunno (15° giorno dell'8° mese lunare - di solito settembre o ottobre)

Quando la luna splende al massimo della sua luminosità, Hong Kong celebra la Festa di Metà Autunno con riunioni di famiglia e osservazione della luna. Victoria Park ospita la celebrazione principale della città, con esibizioni di lanterne, spettacoli culturali e la famosa Danza del Drago di Fuoco. Le torte lunari, una tradizionale prelibatezza festiva, vengono scambiate come simboli di buona fortuna e unità.

Tai Hang Fire Dragon Dance (3 giorni della Festa di Metà Autunno - di solito settembre o ottobre)

Questo spettacolo ipnotico si svolge nelle stradine di Tai Hang, dove un drago fatto di paglia e incenso si avvolge attraverso il quartiere, accompagnato dai ritmi dei tamburi. La danza del drago di fuoco Tai Hang è un evento patrimonio culturale dell'UNESCO che affascina gli spettatori con le sue antiche origini e la sua vibrante energia.

Spettacolo pirotecnico per la Festa Nazionale (1 ottobre)

Celebrando la fondazione della Repubblica Popolare Cinese, la Festa Nazionale di Hong Kong è segnata da uno spettacolare spettacolo pirotecnico sul Victoria Harbour. Lo skyline è immerso nei toni del rosso, a simboleggiare lo spirito festoso dell'occasione. La gente del posto e i turisti si riuniscono sul lungomare per una festa visiva e per commemorare questo importante evento nazionale.

Grande Carnevale Europeo (la data varia - di solito da dicembre a febbraio)

Portando un tocco di stile europeo all'inverno di Hong Kong, il Grande Carnevale Europeo è uno spettacolo per famiglie con giostre, giochi e intrattenimento dal vivo. Sullo sfondo dell'iconico skyline, questo carnevale offre una fuga festosa per la gente del posto e i visitatori durante le festività natalizie.

Hong Kong WinterFest (da dicembre a gennaio)

Abbracciando lo spirito natalizio, l'Hong Kong WinterFest trasforma la città in un paese delle meraviglie invernale con luci, decorazioni ed eventi festivi. L'iconica cerimonia di accensione dell'albero di Natale di Statue Square segna l'inizio delle festività natalizie, mentre i mercatini all'aperto e gli spettacoli stagionali creano un'atmosfera gioiosa.

Conto alla rovescia di Capodanno (31 dicembre)

Mentre l'anno volge al termine, Hong Kong dice addio al vecchio e dà il benvenuto al nuovo con un abbagliante conto alla rovescia per la vigilia di Capodanno. Victoria Harbour diventa il punto focale dei festeggiamenti, con uno spettacolare spettacolo pirotecnico sincronizzato con musica e luci. Il lungomare si anima di festaioli, creando un'atmosfera di giubilo mentre la città inaugura la promessa di un nuovo anno.

In questa metropoli cosmopolita, ogni festival ed evento aggiunge un capitolo unico alla storia di Hong Kong, mettendo in mostra la sua diversità culturale, le sue radici storiche e il suo dinamismo contemporaneo. Che si tratti di immergersi nel bagliore delle lanterne del Capodanno lunare, di essere travolti dall'eccitazione delle gare di dragon boat o di assaporare le delizie del Wine & Dine Festival, il calendario di Hong Kong è una testimonianza della sua capacità di fondere perfettamente tradizione e modernità in una spettacolare esibizione di celebrazione e gioia.

I migliori parchi di divertimento e giardini botanici

Parchi:

1. **Hong Kong Disneyland:** Situata nell'isola di Lantau, Hong Kong Disneyland è una destinazione magica che porta l'incanto della Disney nel cuore dell'Asia. Con attrazioni iconiche come il Castello della Bella Addormentata, la Space Mountain ed esperienze uniche su misura per la cultura cinese, questo parco offre un'accattivante miscela di fantasia e avventura. I visitatori possono esplorare sette terre a tema, incontrare gli amati personaggi Disney e godersi parate e spettacoli spettacolari. Il parco continua ad espandersi, introducendo nuove attrazioni per deliziare i visitatori di tutte le età.

Indirizzo: Isola di Lantau, Hong Kong.

2. **Ocean Park:** Affacciato sul lato meridionale dell'isola di Hong Kong, Ocean Park combina giostre emozionanti con esperienze di vita marina. Sede di panda giganti, montagne russe e il Grand Aquarium, Ocean Park offre una vasta gamma di attrazioni. Il parco è diviso in due aree principali: il Waterfront e il Summit, collegati da una funivia panoramica o da un'emozionante funicolare Ocean Express. Dagli incontri con gli animali alle giostre adrenaliniche,

Ocean Park si rivolge alle famiglie, agli amanti del brivido e agli appassionati di natura.

Indirizzo: Wong Chuk Hang, Hong Kong

3. **Parco** a tema dell'Arca di Noè: Situato sull'isola di Ma Wan, il parco a tema dell'Arca di Noè è un'attrazione unica incentrata su una replica in scala reale dell'Arca di Noè.Il parco combina intrattenimento con mostre educative, mettendo in mostra una varietà di animali e con display interattivi. I visitatori possono esplorare l'arca, partecipare a workshop e godere di viste panoramiche sul Mar Cinese Meridionale. L'impegno del parco per la sostenibilità ambientale aggiunge una dimensione educativa all'esperienza complessiva.

Indirizzo: 33 Pak Yan Road, Ma Wan, Nuovi Territori, Hong Kong.

4. **Parco divertimenti Lai Chi Kok:** una gemma nostalgica nel paesaggio urbano, il parco divertimenti Lai Chi Kok offre un ritorno all'esperienza tradizionale del parco divertimenti. Vantando giostre classiche come la ruota panoramica, autoscontri e una casa stregata, questo parco si rivolge a coloro che cercano un assaggio di divertimento vintage. Anche se di dimensioni ridotte rispetto ai parchi a tema più grandi, il parco divertimenti Lai Chi Kok occupa un

posto speciale nel cuore della gente del posto e offre una fuga affascinante per le famiglie.

Indirizzo: A Chi Kok Road a Chi Kok, Kowloon, Hong Kong

Orto Botanico:

1. **Hong Kong Park:** Nascosto nel cuore della città, Hong Kong Park è un'oasi di verde e tranquillità. Dotato di una bellissima voliera, una serra e giardini a tema, questo rifugio urbano offre una tregua dalla frenesia della città. La voliera Edward Youde è un punto culminante, che fornisce un habitat per una varietà di uccelli esotici in un ambiente tropicale lussureggiante. Il parco dispone anche di parchi giochi, sculture e il Flagstaff House Museum of Tea Ware, che lo rendono una destinazione versatile per gli amanti della natura e della cultura.

   Indirizzo: 19 Cotton Tree Drive, Central, Hong Kong.

2. **Parco della città fortificata di Kowloon: abbracciando** la storia e la natura, il parco della città fortificata di Kowloon sorge sul sito di un ex avamposto militare e in seguito di un famigerato insediamento urbano. Oggi è un parco sereno con giardini cinesi classici, reliquie storiche e architettura tradizionale. Il design elegante del parco riflette i principi paesaggistici tradizionali cinesi, offrendo ai visitatori un ambiente tranquillo per esplorare,

contemplare e apprezzare le radici storiche della città.

Indirizzo: Tung Tsing Road, città di Kowloon, Kowloon, Hong Kong.

3. **Giardino di Nan Lian:** un gioiello del paesaggio classico cinese, il Giardino di Nan Lian si trova a Diamond Hill, offrendo una fuga tranquilla dal trambusto urbano. Il giardino è caratterizzato da alberi, rocce e giochi d'acqua disposti meticolosamente, creando un'atmosfera armoniosa. Adiacente al giardino si trova il convento di suore di Chi Lin, uno splendido complesso buddista che completa l'atmosfera serena del giardino. I visitatori possono passeggiare attraverso i sentieri lussureggianti, attraversare ponti decorati e sperimentare la serenità del tradizionale design dei giardini cinesi.

Indirizzo: 60 Fung Tak Road, Diamond Hill, Kowloon, Hong Kong.

4. **Giardino zoologico e botanico di Hong Kong:** Fondato nel 1864, il Giardino zoologico e botanico di Hong Kong è un'istituzione storica dedicata alla conservazione della biodiversità. I giardini presentano una variegata collezione di piante, tra cui specie rare e in via di estinzione. I visitatori possono

esplorare giardini a tema, ammirare una selezione di mammiferi e rettili e partecipare a programmi educativi. I giardini fungono anche da polmone verde nel cuore della città, offrendo un rifugio tranquillo sia per la gente del posto che per i turisti.

Indirizzo: Albany Road, Central, Hong Kong.

Questi parchi di divertimento e giardini botanici contribuiscono collettivamente al fascino poliedrico di Hong Kong, offrendo una vasta gamma di esperienze, dall'eccitazione al cardiopalma alla serena bellezza naturale. Che si tratti del brivido delle montagne russe, dell'incanto dei personaggi Disney o della tranquillità di un giardino meticolosamente curato, queste destinazioni soddisfano gusti diversi e assicurano che Hong Kong rimanga una destinazione dinamica e accattivante per i visitatori di tutte le età.

Fuori dai sentieri battuti

Hong Kong, spesso associata ai suoi grattacieli imponenti e alla vivace vita urbana, ha gemme nascoste che si trovano fuori dai sentieri battuti. Queste attrazioni meno conosciute rivelano un lato diverso della città, mettendo in mostra il suo ricco patrimonio culturale, le bellezze naturali e il fascino unico.

1. **Ping Shan Heritage Trail:** intraprendi un viaggio attraverso i secoli esplorando il Ping Shan Heritage Trail nei Nuovi Territori. Questo percorso storico ti porta attraverso sale ancestrali, antichi templi e tradizionali villaggi fortificati, offrendo uno sguardo sul passato rurale di Hong Kong. Indirizzo: Ping Shan, Nuovi Territori, Hong Kong.

2. **Campo da basket Lok Wah South Estate:** per una dose inaspettata di estetica urbana, visita il campo da basket Lok Wah South Estate a Ngau Tau Kok. Questo campo visivamente sbalorditivo è decorato con motivi geometrici vivaci e colorati, che lo rendono un paradiso per gli appassionati di fotografia di strada e arte. Indirizzo: Ngau Tau Kok, Kowloon, Hong Kong.

3. **Museo Sam Tung Uk:** immergiti nella storia di un villaggio fortificato Hakka al Museo Sam Tung Uk. Situato a Tsuen Wan, questo antico villaggio ben conservato mette in mostra l'architettura tradizionale

Hakka e offre approfondimenti sulla vita quotidiana dei suoi abitanti. Indirizzo: 2 Kwu Uk Lane, Tsuen Wan, Nuovi Territori, Hong Kong.

4. **Kwun Tong Promenade:** Mentre Kwun Tong è un quartiere urbano, il suo lungomare è una gemma nascosta. Passeggia lungo il lungomare industrial-chic adornato da arte di strada, sculture e viste mozzafiato sul Victoria Harbour. È una fuga serena dal trambusto della città. Indirizzo: Hoi Bun Road, Kwun Tong, Kowloon, Hong Kong.

5. **Yuen Po Street Bird Garden: Entra nel Yuen Po Street Bird** Garden a Mong Kok, un giardino tradizionale in stile cinese dove gli appassionati di uccelli si riuniscono per mostrare i loro apprezzati uccelli canori. Il giardino emana un'atmosfera tranquilla, in netto contrasto con i vivaci mercati nelle vicinanze. Indirizzo: Yuen Po Street, Mong Kok, Kowloon, Hong Kong.

6. **Sok Kwu Wan dell'isola di Lamma:** mentre l'isola di Lamma è conosciuta, il suo villaggio di Sok Kwu Wan è spesso meno esplorato. Raggiungibile in traghetto, Sok Kwu Wan vanta ristoranti di pesce sul lungomare, che offrono una fuga serena e deliziosi frutti di mare lontano dal trambusto della città. Indirizzo: Sok Kwu Wan, Isola di Lamma, Hong Kong.

7. **Villaggio di Lei Yue Mun:** scopri la cultura marittima al villaggio di Lei Yue Mun, nascosto sul lato orientale di Kowloon. Famoso per il suo mercato del pesce e i suoi ristoranti, questo affascinante villaggio di pescatori offre uno sguardo autentico sulle tradizioni marinare di Hong Kong. Indirizzo: Lei Yue Mun, Kowloon, Hong Kong.

8. **Bacino idrico di Shing Mun:** gli amanti della natura possono esplorare il pittoresco bacino idrico di Shing Mun nei Nuovi Territori. Il bacino idrico è circondato da una vegetazione lussureggiante e offre sentieri escursionistici, aree picnic e la serena diga di ananas. È un rifugio idilliaco per chi cerca una pausa dall'ambiente urbano. Indirizzo: Bacino idrico di Shing Mun, Nuovi Territori, Hong Kong.

9. **Chun Yeung Street (Tofu Street):** esplora la vivace Chun Yeung Street, comunemente nota come Tofu Street, a North Point. Questa vivace strada ospita numerose bancarelle di tofu e mercati tradizionali, che offrono uno sguardo sulla vita locale e sulle delizie culinarie. Indirizzo: Chun Yeung Street, North Point, Isola di Hong Kong.

Queste destinazioni fuori dai sentieri battuti svelano un lato di Hong Kong spesso trascurato dalle rotte turistiche tradizionali. Dai sentieri storici ai villaggi nascosti, dai campi da basket artistici ai tranquilli bacini idrici, questi luoghi unici contribuiscono all'arazzo vario e dinamico di questa città cosmopolita.

Capitolo 2

Introduttiva

Periodo ideale per visitarla

La scelta del periodo migliore per visitare Hong Kong dipende dalle tue preferenze, poiché questa vibrante città offre qualcosa di unico in ogni stagione. Ogni periodo dell'anno ha i suoi vantaggi e le sue considerazioni, che vanno dalle condizioni meteorologiche alle celebrazioni culturali.

1. Autunno (da settembre a novembre): L'autunno è spesso considerato il periodo migliore per visitare Hong Kong. Durante questi mesi, il clima è mite e piacevole, con temperature che vanno dai 20°C ai 28°C (da 68°F a 82°F). L'umidità scende e il cielo è generalmente sereno, offrendo un'eccellente visibilità per godersi l'iconico skyline della città. L'autunno è l'ideale per le attività all'aperto, che si tratti di escursioni, esplorare parchi o passeggiare sul lungomare. Questa stagione coincide anche con la Festa di Metà Autunno, una grande celebrazione con lanterne colorate, spettacoli culturali e un'atmosfera festosa.

2. Primavera (da marzo a maggio): la primavera è un altro periodo favorevole per visitare Hong Kong, caratterizzato da temperature miti e flora in fiore. Le temperature medie vanno da 18°C a 26°C (da 64°F a 79°F). La città si anima di colori vivaci mentre i fiori sbocciano nei parchi e nei giardini. La primavera è anche un buon momento per le attività all'aperto e puoi esplorare comodamente i sentieri panoramici e gli spazi verdi di Hong Kong. Tieni presente che la primavera porta occasionalmente rovesci di pioggia, quindi è consigliabile portare con sé un ombrello o una giacca antipioggia.

3. Inverno (da dicembre a febbraio): mentre l'inverno a Hong Kong è mite rispetto a molte altre destinazioni, le temperature possono scendere a circa 10°C a 20°C (da 50°F a 68°F). L'inverno è la stagione più secca, il che la rende adatta a chi preferisce un clima più fresco e vuole evitare il caldo e l'umidità. Questa stagione è anche festosa, con celebrazioni di Natale e Capodanno che adornano la città con decorazioni ed eventi abbaglianti. È un momento eccellente per fare shopping, esplorare i mercati e godersi lo spirito natalizio.

4. Estate (da giugno ad agosto): L'estate a Hong Kong è caratterizzata da alte temperature, umidità e tifoni occasionali. Le temperature medie vanno da 26°C a 31°C (da 79°F a 88°F), con alti livelli di umidità. Mentre l'estate porta un'energia vibrante e un'atmosfera vivace, è essenziale essere preparati per forti piogge e tifoni occasionali. Se riesci a sopportare il caldo e sei disposto ad adattare i tuoi piani in base alle previsioni del tempo, l'estate può ancora offrire esperienze piacevoli. L'estate di Hong Kong è anche sinonimo di gare di dragon boat, offrendo un'esperienza culturale unica.

Considerazioni:

- **Folla:** Hong Kong è una metropoli vivace e alcuni periodi dell'anno, come i giorni festivi e i principali festival, possono attirare folle più numerose. Se preferisci un'esperienza più tranquilla, è consigliabile evitare l'alta stagione delle vacanze.

- **Eventi e festival:** Hong Kong ospita numerosi festival ed eventi durante tutto l'anno. Se hai in mente un festival o un evento specifico, pianifica la tua visita di conseguenza. Ad esempio, il Capodanno cinese e la Festa delle Lanterne sono grandi celebrazioni alla fine dell'inverno.

- **Budget:** I prezzi degli alloggi possono variare a seconda della stagione. Cerca e pianifica la tua visita durante i periodi in cui gli hotel e i voli sono più convenienti.

In conclusione, il periodo migliore per visitare Hong Kong dipende in gran parte dalle tue preferenze e dalle esperienze che cerchi. Che tu preferisca le temperature miti dell'autunno, il paesaggio fiorito della primavera, l'atmosfera festosa dell'inverno o l'energia vivace dell'estate, Hong Kong offre una vasta gamma di esperienze durante tutto l'anno. Controlla sempre le previsioni del tempo e considera eventuali eventi speciali o festività che potrebbero influire sui tuoi piani di viaggio.

Requisiti di ingresso e visto

Hong Kong, in quanto regione amministrativa speciale (SAR) della Cina, ha requisiti di visto e ingresso distinti rispetto alla Cina continentale. I viaggiatori provenienti da vari paesi e regioni possono entrare a Hong Kong per turismo, affari o transito, con specifiche normative sui visti in vigore. Comprendere questi requisiti è fondamentale per un ingresso agevole e senza problemi in città.

1. **Ingresso senza visto:** molte nazionalità possono entrare a Hong Kong per brevi visite senza ottenere un visto in anticipo. La durata del soggiorno consentito varia tra i 7 giorni e i 180 giorni, a seconda della nazionalità del viaggiatore. È importante verificare l'accordo specifico per l'esenzione dal visto che si applica al passaporto. I cittadini di paesi come gli Stati Uniti, il Canada, il Regno Unito, l'Australia e molte nazioni europee godono in genere dell'accesso senza visto per brevi soggiorni.

2. **Visto all'arrivo:** alcune nazionalità che non si qualificano per l'ingresso senza visto possono ottenere un visto all'arrivo a Hong Kong. Questo è in genere applicabile per soggiorni che vanno da 7 a 14 giorni. I viaggiatori devono controllare l'elenco dei paesi idonei per il visto all'arrivo e assicurarsi di soddisfare i requisiti specifici, tra cui avere un passaporto valido, una prova

del viaggio successivo e fondi sufficienti per il loro soggiorno.

3. Visti di lavoro e a lungo termine: se le persone intendono lavorare, studiare o rimanere a Hong Kong per un periodo prolungato, devono richiedere il visto o il permesso di ingresso appropriato. Ciò include i visti di lavoro, i visti dipendenti e i visti per studenti. In generale, i candidati devono avere un'offerta di lavoro, l'ammissione a un istituto scolastico riconosciuto o la prova di legami familiari con un residente di Hong Kong. I datori di lavoro svolgono spesso un ruolo cruciale nella sponsorizzazione dei visti di lavoro e il Dipartimento per l'immigrazione di Hong Kong supervisiona il processo di richiesta.

4. Pass di viaggio per la regione amministrativa speciale (SAR): alcuni residenti della SAR cinese, come Macao e alcune città continentali, possono usufruire di un ingresso semplificato a Hong Kong con il SAR Travel Pass. Questo pass facilita l'attraversamento delle frontiere per le persone idonee.

5. Requisiti di ingresso: Indipendentemente dal tipo di ingresso, tutti i viaggiatori devono soddisfare determinati requisiti all'arrivo a Hong Kong. Questi in genere includono:

- Possesso di un passaporto valido: i viaggiatori devono assicurarsi che i loro passaporti abbiano almeno sei mesi di validità oltre il soggiorno previsto a Hong Kong.

- Prova del proseguimento del viaggio: ai visitatori potrebbe essere richiesto di mostrare la prova della loro intenzione di lasciare Hong Kong, come un biglietto aereo di ritorno.

- Fondi sufficienti: i viaggiatori devono essere in grado di dimostrare di avere fondi sufficienti per coprire il loro soggiorno a Hong Kong.

6. Viaggiare dalla Cina continentale: Sebbene Hong Kong faccia parte della Cina, mantiene un sistema di immigrazione separato. I viaggiatori che entrano a Hong Kong dalla Cina continentale, anche se in possesso di un visto cinese valido, sono soggetti alle normative sull'immigrazione di Hong Kong. Accordi speciali, come l'Individual Visit Scheme (IVS) per alcune città della terraferma, possono fornire un ingresso semplificato per i viaggiatori idonei.

Comprendere i requisiti per il visto e l'ingresso a Hong Kong è essenziale per una visita piacevole e senza intoppi. I viaggiatori devono verificare le normative specifiche in base alla loro nazionalità, allo scopo della loro visita e a qualsiasi circostanza unica. Rimanere informati sugli ultimi sviluppi, soprattutto alla luce dell'attuale situazione globale, garantisce il rispetto delle misure di ingresso e migliora l'esperienza di viaggio complessiva.

Come arrivare a Hong Kong

Che tu stia pianificando una visita per lavoro o per piacere, arrivare a Hong Kong è un processo senza soluzione di continuità grazie alle sue infrastrutture di trasporto ben collegate. Questa guida completa esplora le varie modalità di trasporto (aereo, treno e strada), fornendo preziose informazioni ai viaggiatori che cercano il modo migliore per raggiungere questa vivace città.

1. In aereo:

L'aeroporto internazionale di Hong Kong (HKG), situato sull'isola di Chek Lap Kok, è uno degli aeroporti più trafficati del mondo e una delle principali porte d'accesso all'Asia. Fungendo da hub per i voli internazionali, l'aeroporto è ben collegato con le città di tutto il mondo. Ecco cosa c'è da sapere sui voli a Hong Kong:

a. Voli internazionali:

- Voli diretti: Hong Kong è direttamente accessibile dalle principali città di tutto il mondo, tra cui New York, Londra, Tokyo, Sydney e altre ancora. Compagnie aeree come Cathay Pacific, Singapore Airlines ed Emirates offrono voli diretti, offrendo comodità ai viaggiatori a lungo raggio.

- Voli in coincidenza: se non è disponibile un volo diretto dalla città di partenza, i voli in coincidenza attraverso i principali hub come Dubai, Singapore o Tokyo sono alternative comuni. Compagnie aeree come Qatar Airways, Thai Airways e Japan Airlines offrono collegamenti efficienti per Hong Kong.

b. Procedure di arrivo:

- Dogana e immigrazione: All'arrivo all'aeroporto internazionale di Hong Kong, i passeggeri devono passare attraverso le procedure doganali e di immigrazione. Assicurati di avere un passaporto valido e tutti i visti richiesti in base alla tua nazionalità e allo scopo della tua visita.

- Trasporto dall'aeroporto: il treno, i taxi e gli autobus dell'Airport Express sono prontamente disponibili per il trasporto dall'aeroporto a varie parti di Hong Kong. L'Airport Express è un'opzione particolarmente comoda e veloce, che collega i passeggeri al centro città in circa 24 minuti.

c. Voli nazionali:

- Dalla Cina continentale: i voli nazionali dalle principali città della Cina continentale, come Pechino, Shanghai e Guangzhou, offrono opzioni convenienti per coloro che si trovano già nella regione. I voli frequenti di compagnie aeree come Air China e China Eastern

Airlines facilitano i viaggi tra la Cina continentale e Hong Kong.

2. In treno:

L'estesa rete ferroviaria che collega Hong Kong con la Cina continentale è stata notevolmente migliorata con l'introduzione del sistema ferroviario ad alta velocità (HSR). Questo fornisce un mezzo di trasporto comodo ed efficiente per i viaggiatori che arrivano in treno:

a. Ferrovia ad alta velocità (HSR) dalla Cina continentale:

- Città di collegamento: La ferrovia ad alta velocità Guangzhou-Shenzhen-Hong Kong collega Hong Kong con le principali città della Cina continentale. Il viaggio da Guangzhou a Hong Kong, ad esempio, dura circa 47 minuti, offrendo un'opzione rapida e comoda per i viaggi transfrontalieri.

- West Kowloon Station: L'HSR arriva a West Kowloon Station, un terminal moderno e architettonicamente suggestivo di Hong Kong. Situata nel cuore della città, questa stazione offre un facile accesso a varie opzioni di trasporto, tra cui la Mass Transit Railway (MTR), autobus e taxi.

3. Su strada:

Mentre il viaggio su strada a Hong Kong è principalmente in autobus o in veicolo privato, è un'opzione praticabile per coloro che si trovano nelle immediate vicinanze o cercano di esplorare le strade panoramiche che portano alla città:

a. Autobus transfrontalieri dalla Cina continentale:

- Rete estesa: gli autobus transfrontalieri collegano Hong Kong con varie città della Cina continentale, fornendo un mezzo di viaggio conveniente e conveniente. Città come Shenzhen, Guangzhou e Dongguan hanno servizi di autobus ben consolidati da e per Hong Kong.

- Procedure di immigrazione: i passeggeri degli autobus transfrontalieri passano attraverso le procedure di immigrazione ai valichi di frontiera. È essenziale avere i documenti di viaggio necessari e i requisiti per il visto possono variare in base alla nazionalità.

b. Veicoli privati:

- Dalla Cina continentale: i viaggiatori con veicoli privati possono entrare a Hong Kong dalla Cina continentale attraverso i posti di controllo di frontiera designati. Il punto di ingresso più comune è l'incrocio Lok Ma Chau/Huanggang, che collega Hong Kong con Shenzhen.

- Guidare dalle regioni vicine: se ti trovi nelle regioni limitrofe come la provincia del Guangdong, guidare fino a Hong Kong è fattibile. Hong Kong ha una rete stradale ben tenuta e il viaggio offre viste panoramiche, soprattutto quando ci si avvicina da aree come i Nuovi Territori.

Arrivare a Hong Kong è un processo senza soluzione di continuità grazie alla sua infrastruttura di trasporto ben collegata. Sia che tu scelga di arrivare in aereo, in treno o su strada, ogni modalità di trasporto offre i suoi vantaggi unici. Considera le tue preferenze, l'itinerario di viaggio e qualsiasi requisito di ingresso specifico per pianificare un viaggio agevole e piacevole in questa affascinante città.

Capitolo 3

informazioni pratiche

Galateo e tradizione locale

Per apprezzare e immergersi veramente nella vibrante cultura di una città globale come Hong Kong, è essenziale comprendere l'etichetta e le tradizioni locali. Questa guida esplora le sfumature della navigazione a Hong Kong rispetto ai costumi, alle maniere e alle pratiche tradizionali.

1. **Galateo dei saluti:**

un. **Saluti tradizionali:**

- Uso dei titoli: quando si saluta qualcuno, soprattutto in un ambiente di lavoro, è consuetudine utilizzare titoli e cognomi. Titoli come Signor, Signora o Signorina seguiti dal cognome mostrano rispetto.

- Inchino o cenno del capo: mentre le strette di mano sono comuni, un leggero inchino o cenno del capo è considerato educato e viene spesso utilizzato in situazioni più formali. La profondità dell'inchino o del cenno dipende dal contesto e dal livello di formalità.

b. **Rispetto dello spazio personale:**

- Mantieni le distanze: Hong Kong è una città vivace e lo spazio personale può essere limitato, soprattutto nelle aree affollate. Rispetta lo spazio personale degli altri e sii consapevole della vicinanza fisica.

- Coda: le code sono comuni a Hong Kong, sia che si tratti di aspettare i mezzi pubblici, di entrare in un edificio o di fare la fila per il cibo. Mantieni il tuo posto in coda e aspetta pazientemente.

c. **Regali:**

- Il simbolismo è importante: quando si presenta un regalo, considerare il simbolismo ad esso collegato. Evita gli oggetti con connotazioni negative, come gli orologi, che simboleggiano lo scadere del tempo. Il rosso è considerato un colore fortunato, mentre il bianco è associato al lutto.

- Ricevi i regali con grazia: quando ricevi un regalo, fallo con entrambe le mani in segno di rispetto. È consuetudine esprimere gratitudine verbalmente e aprire il regalo in un secondo momento in privato.

2. **Galateo a tavola:**

un. **Buone maniere a tavola:**

- Galateo delle bacchette: non infilare le bacchette in posizione verticale in una ciotola di riso, poiché questo assomiglia a un rituale eseguito ai funerali. Invece, posizionali sul poggiabacchette o orizzontalmente sulla ciotola.

- Aspetta il padrone di casa: è educato aspettare che il padrone di casa o la persona più anziana al tavolo inizi a mangiare prima di iniziare. Inoltre, cerca di non finire tutto il cibo nel piatto, poiché potrebbe essere interpretato come se il padrone di casa non ne fornisse abbastanza.

b. **Cultura del tè:**

- Versare il tè: quando qualcuno ti versa il tè, è consuetudine picchiettare il tavolo con le dita come gesto di ringraziamento. Toccare il tavolo simboleggia bussare alla porta per esprimere gratitudine.

- Riempire le tazze da tè: se vuoi più tè, lascia aperto il coperchio della teiera. Al contrario, se si desidera rifiutare una ricarica, chiudere il coperchio.

c. **Galateo di pagamento:**

- Gestione delle bollette: quando si salda il conto, è comune che qualcuno suggerisca di diventare olandese. Tuttavia, è educato offrirsi di pagare o condividere il conto, soprattutto se hai invitato altre persone.

- Mancia: la mancia non è una pratica comune a Hong Kong, poiché il costo del servizio è spesso incluso nel conto. Tuttavia, è gradito arrotondare il conto al dollaro più vicino.

3. Stile di comunicazione:

un. Considerazioni sul linguaggio:

- Ambiente multilingue: Hong Kong è una città multilingue e sia l'inglese che il cantonese sono ampiamente parlati. L'inglese è comunemente usato nelle aree commerciali e turistiche, ma imparare alcune frasi cantonesi di base può migliorare le tue interazioni.

- Linguaggio educato: l'uso di un linguaggio educato e di termini di indirizzo dimostra rispetto. Ad esempio, l'aggiunta di "Sik gaa ngoi" (per favore) o "Mh goi" (grazie) al tuo vocabolario è apprezzata.

b. Comunicazione non verbale:

- Linguaggio del corpo: i segnali non verbali svolgono un ruolo significativo nella comunicazione. Mantieni il contatto visivo durante le conversazioni come segno di attenzione ed evita di indicare direttamente persone o oggetti.

- Silenzio nelle conversazioni: il silenzio è spesso apprezzato nelle conversazioni, soprattutto durante le negoziazioni o le discussioni. Dà alle persone il tempo di contemplare e formulare le loro risposte.

c. Galateo telefonico:

- Mantieni la privacy: quando ti trovi in spazi pubblici, come i trasporti pubblici o i ristoranti, mantieni

82

private le conversazioni telefoniche. Usa un volume basso o allontanati per evitare di disturbare gli altri.

- Messaggi di testo rispetto alle chiamate: gli SMS sono spesso preferiti alle telefonate negli spazi pubblici, mantenendo un ambiente più silenzioso. È considerato educato dare la priorità ai messaggi di testo, soprattutto durante le attività sociali o comunitarie.

4. Feste e usanze tradizionali:

un. Capodanno cinese:

- Pacchetti rossi: durante il Capodanno cinese, è consuetudine dare e ricevere pacchetti rossi (hongbao) contenenti denaro. L'importo dovrebbe essere pari e i numeri dispari sono associati ai funerali.

- Decorazioni per il Capodanno lunare: decora case e aziende con simboli tradizionali come lanterne rosse, ritagli di carta e il carattere di "fu" (fortuna).

b. Festa di Metà Autunno:

- Mooncakes: La Festa di Metà Autunno è sinonimo di mooncake. È consuetudine scambiare torte lunari con la famiglia e gli amici, simboleggiando l'unità e la completezza.

- Esibizioni di lanterne: le lanterne, spesso a forma di animali o simboli tradizionali, vengono esposte durante la Festa di metà autunno. Partecipare alle passeggiate con le lanterne è un'attività popolare.

c. Festival di Ching Ming:

- Pulizia delle tombe: il Festival Ching Ming prevede la visita alle tombe degli antenati per spazzare e pulire l'area. Le famiglie rendono omaggio offrendo cibo, bruciando incenso e accendendo candele.

- Far volare gli aquiloni: far volare gli aquiloni durante il Festival Ching Ming è una tradizione che si ritiene porti fortuna e dissipi gli spiriti maligni.

c. Vestirsi con modestia:

- Coprire spalle e ginocchia: quando entri in un tempio, vestiti in modo modesto coprendo le spalle e le ginocchia. Togliti il cappello e gli occhiali da sole in segno di rispetto.

- Restrizioni fotografiche: alcuni templi hanno restrizioni sulla fotografia, specialmente nelle aree di culto. Presta attenzione alla segnaletica e alle indicazioni del personale del tempio.

5. Costumi sociali:

un. Scambi di regali:

- Rifiutare inizialmente: quando viene offerto un regalo, è consuetudine rifiutare educatamente almeno una volta prima di accettare. Questo gesto è un segno di umiltà.

- Aprire i regali più tardi: Quando si riceve un regalo, è consuetudine aprirlo più tardi in privato. Ciò consente al donatore di salvare la faccia nel caso in cui il regalo non sia di tuo gradimento.

b. Celebrazioni festive:

- Partecipa attivamente: durante le occasioni di festa, che si tratti di un matrimonio, di un compleanno o di una celebrazione locale, partecipa attivamente ai festeggiamenti. Ciò include partecipare a danze tradizionali, condividere i pasti e godersi gli spettacoli culturali.

- Saluti e auguri: Offrire auguri come "Kung Hei Fat Choi" durante il Capodanno cinese o "Saehae Bok Mani Badeuseyo" durante il Capodanno coreano mostra buona volontà e rispetto per le usanze locali.

c. Anzianità e gerarchia:

- Rispettare gli anziani: Hong Kong attribuisce importanza all'anzianità e al rispetto degli anziani. Usa titoli e gesti appropriati per mostrare deferenza alle persone anziane.

- Anzianità nel mondo degli affari: in un ambiente aziendale, la gerarchia viene spesso osservata.

Consenti alla persona più anziana di condurre discussioni e decisioni. È comune che le decisioni vengano prese collettivamente, con il contributo di tutti i livelli.

Che si tratti di partecipare a una riunione di lavoro, di gustare un pasto o di partecipare a una celebrazione festiva, la comprensione delle complessità del tessuto sociale di Hong Kong migliora l'esperienza complessiva. Abbracciare la fusione di modernità e tradizione, e mostrare considerazione per le sfumature culturali, consente ai visitatori di creare connessioni significative e lasciare un'impressione positiva in questa città dinamica e cosmopolita.

Consigli per l'imballaggio

Fare le valigie in modo efficiente è essenziale per un viaggio tranquillo e piacevole a Hong Kong. Che tu sia in viaggio d'affari o di piacere, la giusta strategia di imballaggio ti assicura di avere tutto ciò di cui hai bisogno mantenendo i tuoi bagagli gestibili. Ecco alcuni consigli essenziali per fare le valigie per il tuo viaggio a Hong Kong:

1. **Abbigliamento:**

- Strati leggeri: Metti in valigia indumenti leggeri e traspiranti adatti al clima caldo e umido. Porta un mix di camicie a maniche corte, pantaloncini e pantaloni comodi. Includi una giacca leggera o un maglione per le serate più fresche, soprattutto in inverno.

- Considerazioni sulla modestia: Sebbene Hong Kong sia cosmopolita, è consigliabile vestirsi in modo modesto quando si visitano templi o aree più tradizionali. Prendi in considerazione l'idea di mettere in valigia una sciarpa o uno scialle per la copertura quando necessario.

2. **Calzature:**

- Scarpe comode: Hong Kong comporta una discreta quantità di camminate, sia esplorando i quartieri della città che facendo escursioni sui suoi sentieri panoramici. Metti in valigia scarpe comode e traspiranti adatte all'esplorazione urbana e alle attività all'aria aperta.

- Abbigliamento formale: se il tuo viaggio include riunioni di lavoro o eventi formali, metti in valigia un paio di scarpe eleganti e un abbigliamento appropriato.

3. Elettronica e adattatori:

- Adattatore universale: Hong Kong utilizza le prese elettriche di tipo G in stile britannico. Porta con te un adattatore universale per assicurarti che i tuoi dispositivi elettronici possano essere caricati senza problemi.

- Power Bank: tieni a portata di mano un power bank per ricaricare i tuoi dispositivi, soprattutto se prevedi di utilizzare lo smartphone per la navigazione o la fotografia durante il giorno.

4. Elementi essenziali per il viaggio:

- Articoli da toeletta da viaggio: porta con te articoli da toeletta da viaggio per risparmiare spazio e rispettare le normative delle compagnie aeree. Prendi in considerazione articoli come creme solari, repellenti per insetti e qualsiasi farmaco personale di cui potresti aver bisogno.

- Ombrello compatto: Hong Kong sperimenta occasionali rovesci di pioggia, quindi è consigliabile mettere in valigia un ombrello compatto e leggero. Può anche fornire ombra durante le giornate di sole.

5. Zaino o zainetto:

- Comodo bagaglio a mano: porta con te un piccolo zaino o uno zainetto per le escursioni giornaliere. È pratico per trasportare oggetti essenziali come acqua, snack, una mappa e un ombrello mentre si esplora la città.

- Tote Bag Pieghevole: Una Tote Bag pieghevole è utile per ulteriore spazio di archiviazione e può tornare utile per trasportare souvenir o generi alimentari.

6. Documenti di viaggio:

- Passaporto e visto: assicurati che il tuo passaporto abbia almeno sei mesi di validità oltre il tuo soggiorno previsto a Hong Kong. Controlla i requisiti per il visto in base alla tua nazionalità.

- Itinerario stampato: Conserva una copia stampata del tuo itinerario, i dettagli dell'alloggio e tutte le prenotazioni importanti. Questo può essere utile nel caso in cui i tuoi dispositivi elettronici non siano accessibili.

7. Articoli per la salute e la sicurezza:

- Kit di pronto soccorso: prepara un piccolo kit di pronto soccorso con elementi essenziali come antidolorifici, bende e qualsiasi farmaco personale di cui potresti aver bisogno.

- Disinfettante per le mani: tieni in borsa un disinfettante per le mani da viaggio per i momenti in cui acqua e sapone potrebbero non essere prontamente disponibili.

8. Valuta e pagamento:

- Valuta locale: Sebbene le carte di credito siano ampiamente accettate, è consigliabile portare con sé un po' di valuta locale per le piccole transazioni e i luoghi che potrebbero non accettare le carte.

- Portafoglio con protezione RFID: assicurati che il tuo portafoglio abbia una protezione RFID per salvaguardare le tue carte di credito dal furto elettronico.

9. Serrature da viaggio e sicurezza:

- Lucchetti approvati dalla TSA: se stai volando, usa lucchetti approvati dalla TSA sul tuo bagaglio per una maggiore sicurezza. Questi lucchetti possono essere aperti dalle autorità di sicurezza senza danneggiare la borsa.

- Cintura portasoldi o custodia nascosta: prendi in considerazione l'utilizzo di una cintura portasoldi o di una custodia nascosta per tenere al sicuro documenti importanti e oggetti di valore mentre esplori la città.

10. Bottiglia d'acqua riutilizzabile:

- Rimani idratato: Hong Kong può essere calda e umida, quindi rimanere idratati è fondamentale. Porta con te una bottiglia d'acqua riutilizzabile da riempire durante il giorno. L'acqua del rubinetto a Hong Kong è sicura da bere.

11. Spuntini:

- Spinta energetica rapida: metti in valigia alcuni snack, come barrette di cereali o noci, per una rapida carica di energia durante i tuoi viaggi. Questi possono essere utili tra i pasti o quando si esplorano aree remote.

12. Articoli di conforto:

- Cuscino e coperta da viaggio: se sei su un lungo volo, porta con te un cuscino da viaggio e una piccola coperta per un maggiore comfort durante il viaggio.

- Maschera per gli occhi e tappi per le orecchie: questi articoli possono essere utili per dormire meglio in aereo o in ambienti rumorosi.

13. **Intrattenimento e materiale di lettura:**

- Libro o e-reader: per i tempi morti durante il viaggio o il relax, porta con te un libro o un e-reader con i tuoi romanzi preferiti.

- Cuffie: le cuffie con cancellazione del rumore possono migliorare la tua esperienza di viaggio, soprattutto durante i voli.

14. **Informazioni di emergenza:**

- Contatti di emergenza: porta con te una scheda con le informazioni di contatto di emergenza, inclusi i contatti locali a Hong Kong e i contatti a casa.

- Informazioni sull'ambasciata: Conoscere la posizione e i dettagli di contatto dell'ambasciata o del consolato del proprio paese a Hong Kong.

15. **Accessori adatti alle condizioni atmosferiche:**

- Cappello e occhiali da sole: Proteggiti dal sole con cappello e occhiali da sole, soprattutto durante i mesi più caldi.

- Costume da bagno: se hai intenzione di visitare le spiagge o goderti le piscine dell'hotel, metti in valigia un costume da bagno.

16. Pacchetto per souvenir:

- Borsa pieghevole: includi una borsa pieghevole o un borsone ripiegabile per souvenir o oggetti acquistati durante il viaggio.

- Spazio extra: lascia un po' di spazio nel tuo bagaglio per gli oggetti che potresti voler portare indietro, come prodotti locali o regali.

Suggerimenti finali:

- Limite di peso: fai attenzione ai limiti di peso della compagnia aerea per il bagaglio registrato e a mano per evitare costi aggiuntivi.

- Metti in valigia un atteggiamento positivo: Infine, metti in valigia un atteggiamento positivo e un senso di avventura. Abbraccia le nuove esperienze, culture e paesaggi che Hong Kong ha da offrire.

Con questi consigli per fare le valigie in mente, sarai ben preparato per il tuo viaggio a Hong Kong. Personalizza la tua lista di cose da mettere in valigia in base alla natura specifica del tuo viaggio e goditi le esperienze vibranti e dinamiche che questa straordinaria città ha da offrire.

Frasi locali di base

La comprensione e l'utilizzo di frasi locali di base a Hong Kong non solo facilita la comunicazione, ma migliora anche l'esperienza di viaggio complessiva promuovendo un senso di connessione con la cultura locale. Mentre l'inglese è ampiamente parlato, il cantonese è la lingua principale e incorporare alcune frasi chiave nel tuo repertorio può fare molto. Ecco una guida completa alle frasi locali essenziali a Hong Kong:

Saluti e cortesia:

1. **Ciao / Ciao - 你好 (néih hóu):** Il saluto più comune, adatto a tutte le situazioni.

2. **Buongiorno - 早晨 (jóu tóu):** Usato fino a mezzogiorno circa.

3. **Buon pomeriggio - 午晨 (ngóu tóu):** Usato nel pomeriggio.

4. **Buonasera - 晚晨 (mān tóu):** Usato la sera.

5. **Buona notte - 晚安 (mān ōn):** Detto prima di andare a dormire.

6. **Come stai? - 你點呀? (néih dím a):** Un modo comune per chiedere informazioni sul benessere di qualcuno.

7. **Grazie - 多謝 (dō jeh):** Esprimere gratitudine.

8. **You're Welcome - 唔使客氣 (mh saí hāak hei):** Rispondere ai ringraziamenti, letteralmente significa "non essere educato".

9. **Excuse Me / Sorry - 唔該 (mh goi):** Usato per attirare l'attenzione di qualcuno o per scusarsi.

Frasi di conversazione di base:

10. **Sì - 係 (hai):** Risposta affermativa.

11. **No - 唔係 (mh hai):** Risposta negativa.

12. **Forse - 可能啦 (hóh néng là):** Indica incertezza.

13. **I Don't Understand - 唔明 (mh mìhng):** Alla ricerca di chiarimenti.

14. **Per favore - 請 (chéng):** Richiedere qualcosa educatamente.

15. **I'm Sorry - 對唔住 (deui mh jyuh):** Una scusa più formale.

16. **Come ti chiami? - 你叫咩名? (néih giuh mē méng?):** Chiedere il nome di qualcuno.

17. **Il mio nome è... - 我叫... (ngóh giu...):** Ti presento.

18. **Piacere di conoscerti - 幸會 (hahng wui):** Piacere nel fare la conoscenza di qualcuno.

Chiedere indicazioni:

19. **Dov'è...? - 邊度係...? (bīn dou hai...?):** Chiedere informazioni su un luogo.

20. **Come posso arrivare a...? - 點樣去...? (dím yuhng heui...?):** Chiedere indicazioni stradali.

21. **È lontano? - 係唔係遠啲? (hai mh hai yún di?):** Chiedere informazioni sulla distanza.

22. **Sinistra - 左邊 (jó bīn):** Indica il lato sinistro.

23. **Destra - 右邊 (yáuh bīn):** Indica il lato destro.

24. **Dritto - 直行 (jihk hàahng):** Continuare in una direzione diritta.

25. **Gira a sinistra - 左轉 (jó jyún):** Indica una svolta a sinistra.

26. **Gira a destra - 右轉 (yáuh jyún):** Indica una svolta a destra.

27. **Mi scusi, dov'è il bagno? - 唔該, 洗手間係邊度? (mh goi, sai sáu gaan hai bīn dou?):** Indispensabile quando la natura chiama!

Shopping e ristoranti:

28. **Quanto costa? - 呢個幾多錢? (ní go géi dō chín?):** Informarsi sul prezzo.

29. **Puoi abbassare il prezzo? - 可唔可以平啲? (hó m ho heí pìhng dī?):** Negoziare un prezzo più basso.

30. **I'll Take This One - 我揀呢個 (ngóh gáan ní go):** Indica la tua scelta.

31. **Accettate carte di credito? - 攞唔攞信用卡? (ló mh ló sēn yúhng ká?):** Chiedere informazioni sulle opzioni di pagamento.

32. **Menu, Please - 麻煩俾個餐牌 (mā fan běi gó chāan páai):** Richiedere il menu in un ristorante.

33. **Acqua - 開水 (hói séui):** Chiedere acqua naturale.

34. **Delizioso - 好味 (hóu mei):** Esprimere il piacere del cibo.

35. **Posso avere il conto? - 可唔可以埋單? (hó m hó héi mùihn):** Richiedere il conto in un ristorante.

Misto:

36. **Aiuto! - 救命啊! (gau ming ah!):** Frase d'urgenza.

37. **I'm Lost - 我迷路啦 (ngóh maih louh là):** Ammettere di essersi persi.

38. **Ho bisogno di un medico - 我要見醫生 (ngóh yiu gín yī sāng):** Cercare assistenza medica.

39.**Dov'è il più vicino...? - 最近嘅...係邊度? (jóu gin géi... hai bīn dou?):** Chiedere informazioni sulle strutture nelle vicinanze.

40.**Goodbye - 再見 (jói gin):** Dire addio.

Incorporare queste frasi locali di base nelle tue interazioni non solo renderà il tuo tempo a Hong Kong più agevole, ma ti renderà anche caro alla gente del posto, che spesso apprezza i visitatori che si sforzano di impegnarsi nella loro lingua madre. Che tu stia navigando nei vivaci mercati, gustando la cucina locale o cercando indicazioni, queste frasi miglioreranno senza dubbio la tua esperienza di viaggio nella vibrante e culturalmente ricca città di Hong Kong.

Contatti di emergenza

A Hong Kong, se ti trovi in una situazione di emergenza, puoi contattare i seguenti servizi di emergenza:

1. **Polizia:** 999

o Le forze di polizia di Hong Kong sono responsabili del mantenimento della sicurezza e dell'ordine pubblico. Chiama il 999 per l'assistenza della polizia in caso di emergenze o crimini.

2. **Vigili del Fuoco e Ambulanza:** 999

o Per emergenze antincendio, assistenza medica o servizi di ambulanza, comporre il 999. Questo numero ti collegherà al Dipartimento dei Vigili del Fuoco, che gestisce sia le operazioni antincendio e di soccorso che i servizi medici di emergenza.

3. **Hotline di emergenza per i turisti:** 2508-1234

o L'Ente del Turismo di Hong Kong fornisce una linea telefonica di emergenza per i turisti. Puoi chiamare questo numero per assistenza o informazioni in caso di emergenze, incidenti o disastri naturali.

4. **Consolato o Ambasciata:**

o Se sei un cittadino straniero, contatta il consolato o l'ambasciata del tuo paese a Hong Kong per assistenza. Possono fornire servizi consolari, aiutare in caso di emergenza e offrire orientamento ai cittadini dei rispettivi paesi.

5. **Hotline dell'autorità ospedaliera:** 2300-6555

- L'autorità ospedaliera gestisce una hotline per l'assistenza medica non urgente e l'informazione. Se hai bisogno di consigli medici o informazioni sui servizi sanitari, puoi chiamare questo numero.

Consigli per la sicurezza

La sicurezza è una priorità assoluta per i viaggiatori e, sia che tu stia esplorando le affollate strade di Hong Kong o di qualsiasi altra destinazione, prendere precauzioni può migliorare la tua esperienza complessiva. Ecco alcuni consigli di sicurezza da tenere a mente durante la visita a Hong Kong:

1. **Sii consapevole di ciò che ti circonda:**

   o Rimani vigile e consapevole di ciò che ti circonda, soprattutto nelle aree affollate o sui mezzi pubblici.

   o Fai attenzione ai tuoi effetti personali e assicurati che i tuoi oggetti di valore siano al sicuro.

2. **Usa un mezzo di trasporto affidabile:**

   o Opta per servizi di trasporto affidabili, come taxi autorizzati e note app di ride-sharing.

   o Prestare attenzione quando si utilizzano taxi non contrassegnati o non ufficiali.

3. **Attenzione alle truffe:**

   o Fai attenzione agli estranei che offrono aiuto o servizi non richiesti, soprattutto nelle zone turistiche.

   o Evita di condividere informazioni personali con estranei e sii scettico nei confronti di offerte o promozioni inaspettate.

4. **Metti al sicuro i tuoi effetti personali:**

o Tieni al sicuro i tuoi effetti personali e utilizza misure antifurto come cinture portasoldi o marsupi da collo per gli oggetti importanti.

o Evita di esporre grandi quantità di denaro in pubblico.

5. **Tieniti informato:**

o Tieniti informato sulle notizie e sugli eventi locali, soprattutto se ci sono manifestazioni, scioperi o raduni pubblici.

o Monitora gli avvisi di viaggio emessi dall'ambasciata o dal consolato del tuo paese.

6. **Contatti di emergenza:**

o Salva i numeri di contatto di emergenza, tra cui la polizia locale (999) e il consolato o l'ambasciata del tuo paese, nel tuo telefono.

o Condividi il tuo itinerario di viaggio e le informazioni di contatto con un amico fidato o un familiare.

7. **Precauzioni per la salute:**

o Assicurati di avere un'assicurazione di viaggio che copra le emergenze mediche.

o Sii cauto con il cibo di strada e assicurati che l'acqua che consumi sia sicura. L'acqua in bottiglia è ampiamente disponibile.

8. **Alloggi sicuri:**

o Scegli sistemazioni affidabili e sicure. Cerca recensioni e valutazioni prima di prenotare.

o Usa le casseforti dell'hotel per oggetti di valore e documenti importanti.

9. **Usa gli sportelli bancomat con saggezza:**

o Usa gli sportelli bancomat in luoghi ben illuminati e sicuri.

o Fai attenzione ai dispositivi di skimming e copri il tuo PIN quando lo inserisci.

10. **Rimani idratato e protetto dal sole:**

o Hong Kong può essere calda e umida, soprattutto durante l'estate. Rimani idratato bevendo molta acqua.

o Usa la crema solare, un cappello e occhiali da sole per proteggerti dal sole.

11. Segui le regole del traffico:

o Prestare attenzione alle regole del traffico quando si attraversano le strade e utilizzare le strisce pedonali designate.

o Sii prudente quando usi i mezzi pubblici e segui le linee guida di sicurezza.

12. Proteggi il tuo alloggio:

o Scegli sistemazioni affidabili e sicure. Cerca recensioni e valutazioni prima di prenotare.

o Usa le casseforti dell'hotel per oggetti di valore e documenti importanti.

13. Impara le frasi di base:

o Familiarizza con le frasi locali di base per facilitare la comunicazione.

o Usa espressioni educate quando interagisci con la gente del posto.

14. Tieniti informato sul meteo:

o Hong Kong può essere colpita da tifoni e forti piogge. Tieniti informato sulle condizioni meteorologiche, soprattutto durante la stagione dei tifoni (da giugno a ottobre).

Ricorda che le pratiche di sicurezza possono variare da un luogo all'altro, quindi è essenziale adattarsi al contesto specifico dei tuoi viaggi. Tieniti informato, sii cauto e goditi il tuo tempo esplorando la vibrante e variegata città di Hong Kong.

Capitolo 4

Alloggio

I migliori hotel

La scelta dell'alloggio è fondamentale quando si visita una città straordinaria come Hong Kong per trascorrere un piacevole soggiorno. Ecco alcuni hotel con diverse fasce di budget, tra cui alcune scelte popolari. Tieni presente che i prezzi e i dettagli possono variare ed è consigliabile controllare le informazioni e le recensioni più recenti prima di effettuare prenotazioni:

Opzioni di budget:

1. **Pacchetto Urbano**

o Indirizzo: Appartamento D8, 5/F, Blocco D, Chungking Mansion, 36-44 Nathan Road, Tsim Sha Tsui, Kowloon, Hong Kong.

o Offerte: ostello economico con sistemazioni in stile dormitorio, connessione Wi-Fi gratuita e una posizione centrale.

o Fascia di prezzo: USD 20-40 a notte.

2. **Yesinn @YMT**

o Indirizzo: 2/F, Nan Chung Building, 264 Nathan Road, Giordania, Kowloon, Hong Kong.

- o Offerte: Ostello economico con dormitori misti e per sole donne, aree comuni e una terrazza sul tetto.
- o Fascia di prezzo: USD 25-50 a notte.

3. Mini Hotel Centrale

- o Indirizzo: 38 Ice House Street, Central, Hong Kong.
- o Offerte: camere compatte con design moderno, connessione Wi-Fi gratuita e una posizione privilegiata nel centro della città.
- o Fascia di prezzo: USD 50-80 a notte.

4. Ostello del Drago

- o Indirizzo: Stanza 707, Casa sincera, 83 Argyle Street, Mong Kok, Kowloon, Hong Kong.
- o Offerte: Ostello economico con una varietà di tipi di camere, tra cui dormitori e camere private.
- o Fascia di prezzo: USD 20-40 a notte.

5. Ah Shan Ostello

- o Indirizzo: Appartamento D8, 10/F, Blocco D, Chungking Mansion, 36-44 Nathan Road, Tsim Sha Tsui, Kowloon, Hong Kong.
- o Offerte: Alloggio economico di base con dormitori misti e per sole donne.
- o Fascia di prezzo: USD 25-45 a notte.

6. Hotel della Mela

o Indirizzo: 1/F, 54-70 Lee Garden Road, Causeway Bay, Hong Kong.

o Offerte: Camere semplici e pulite nel cuore di Causeway Bay, con facile accesso a negozi e ristoranti.

o Fascia di prezzo: USD 50-80 a notte.

7. Stati Uniti d'America Ostello

o Indirizzo: 52-54A Cameron Road, Tsim Sha Tsui, Kowloon, Hong Kong.

o Offerte: Ostello economico con una vasta gamma di tipi di camere, tra cui dormitori e camere private.

o Fascia di prezzo: USD 30-60 a notte.

8. Panda's Hostel - Accogliente

o Indirizzo: Flat A, 2/F, National Court, 242 Nathan Road, Giordania, Kowloon, Hong Kong.

o Offerte: Accogliente ostello con varie configurazioni di camere e una posizione comoda.

o Fascia di prezzo: USD 40-70 a notte.

9. Hong Kong Ostelli

o Indirizzo: Appartamento A3, 3/F, Mirador Mansion, 58 Nathan Road, Tsim Sha Tsui, Kowloon, Hong Kong.

- Offerte: Sistemazione in ostello di base in una zona vivace, adatta a chi viaggia con un budget limitato.

- Fascia di prezzo: USD 20-40 a notte.

10. **Me Easy Hostel**

- Indirizzo: 2/F, 8 Nanking Street, Giordania, Kowloon, Hong Kong.

- Offerte: Ostello economico con dormitori misti e per sole donne, vicino ai trasporti pubblici.

- Fascia di prezzo: USD 25-50 a notte.

Opzioni di fascia media:

1. **Butterfly sul Waterfront Boutique Hotel**

- Indirizzo: 94 Connaught Road West, Sheung Wan, Hong Kong.

- Offerte: camere eleganti con vista sul porto, un centro fitness e una posizione comoda.

- Fascia di prezzo: USD 80-150 a notte.

2. **Mingle Place vicino al parco**

- Indirizzo: 143 Wanchai Road, Wanchai, Hong Kong.

- Offerte: Boutique hotel con camere a tema, connessione Wi-Fi gratuita e vicinanza a negozi e ristoranti.

o Fascia di prezzo: USD 100-180 a notte.

3. iclub Fortress Hill Hotel

o Indirizzo: 18 Merlin Street, Fortress Hill, North Point, Hong Kong.

o Offerte: hotel contemporaneo con giardino pensile, connessione Wi-Fi gratuita e facile accesso ai mezzi pubblici.

o Fascia di prezzo: USD 90-160 a notte.

4. L'Hotel Imperatore

o Indirizzo: 373 Queen's Road East, Wanchai, Hong Kong.

o Offerte: camere moderne con vista sulla città, terrazza panoramica e posizione centrale.

o Fascia di prezzo: USD 120-200 a notte.

5. Ovolo Southside

o Indirizzo: 64 Wong Chuk Hang Road, Aberdeen, Hong Kong.

o Offerte: hotel chic con design contemporaneo, minibar gratuito e bar panoramico con vista panoramica.

o Fascia di prezzo: USD 130-220 a notte.

6. **Eaton HK**

o Indirizzo: 380 Nathan Road, Giordania, Kowloon, Hong Kong.

o Offerte: Hotel ecologico con servizi moderni, una piscina sul tetto e una varietà di punti ristoro.

o Fascia di prezzo: USD 120-200 a notte.

7. **Albergo Lanson Place**

o Indirizzo: 133 Leighton Road, Causeway Bay, Hong Kong.

o Offerte: Eleganti camere con angolo cottura, giardino pensile e servizi personalizzati.

o Fascia di prezzo: USD 150-250 a notte.

8. **La vista sul porto**

o Indirizzo: 4 Harbour Road, Wanchai, Hong Kong.

o Offerte: camere confortevoli con vista sul porto, piscina sul tetto e vicinanza all'Hong Kong Convention and Exhibition Centre.

o Fascia di prezzo: USD 120-200 a notte.

9. **Hotel Jen Hong Kong**

o Indirizzo: 508 Queen's Road West, Distretto Occidentale, Hong Kong.

- Offerte: hotel contemporaneo con piscina sul tetto, servizio navetta gratuito e interni vivaci.
- Fascia di prezzo: USD 110-180 a notte.

10. Novotel Century Hong Kong

- Indirizzo: 238 Jaffe Road, Wanchai, Hong Kong.
- Offerte: camere ben arredate, una piscina all'aperto e diversi punti ristoro nel cuore di Wanchai.
- Fascia di prezzo: USD 130-220 a notte.

Opzioni di lusso:

1. La penisola di Hong Kong

- Indirizzo: Salisbury Road, Tsim Sha Tsui, Kowloon, Hong Kong.
- Offerte: iconico hotel di lusso con camere eleganti, un eliporto sul tetto e ristoranti di livello mondiale.
- Fascia di prezzo: USD 300-500+ a notte.

2. Mandarin Oriental, Hong Kong

- Indirizzo: 5 Connaught Road Central, Central, Hong Kong.
- Offerte: sistemazioni di lusso, un centro benessere, ristoranti stellati Michelin e una posizione centrale.
- Fascia di prezzo: USD 400-700+ a notte.

3. Il Ritz-Carlton, Hong Kong

- Indirizzo: Centro commerciale internazionale, 1 Austin Road West, Kowloon, Hong Kong.

- Offerte: hotel a cinque stelle con vista panoramica, piscina a sfioro e ristoranti stellati Michelin.

- Fascia di prezzo: USD 500-800+ a notte.

4. Four Seasons Hotel Hong Kong

- Indirizzo: 8 Finance Street, Central, Hong Kong.

- Offerte: camere opulente, una piscina sul tetto con vista sul porto e una varietà di punti ristoro.

- Fascia di prezzo: USD 450-700+ a notte.

5. Il punto di riferimento del Mandarin Oriental

- Indirizzo: 15 Queen's Road Central, Central, Hong Kong.

- Offerte: camere eleganti e moderne, un centro benessere e punti ristoro stellati Michelin.

- Fascia di prezzo: USD 400-650+ a notte.

6. Isola di Shangri-La, Hong Kong

- Indirizzo: Pacific Place, Supreme Court Road, Central, Hong Kong.

- o Offerte: sistemazioni di lusso, un centro benessere e una sala da pranzo stellata Michelin in una posizione prestigiosa.

- o Fascia di prezzo: USD 350-600+ a notte.

7. **La Camera Alta**

- o Indirizzo: Pacific Place, 88 Queensway, Ammiragliato, Hong Kong.

- o Offerte: Boutique hotel di lusso con camere spaziose, un design chic e viste panoramiche.

- o Fascia di prezzo: USD 400-650+ a notte.

8. **W Hong Kong**

- o Indirizzo: 1 Austin Road West, Kowloon Station, Kowloon, Hong Kong.

- o Offerte: hotel di lusso contemporaneo con un'atmosfera vivace, una piscina sul tetto e sistemazioni eleganti.

- o Fascia di prezzo: USD 300-500+ a notte.

9. **Il Langham, Hong Kong**

- o Indirizzo: 8 Peking Road, Tsim Sha Tsui, Kowloon, Hong Kong.

- o Offerte: classico hotel di lusso con camere eleganti, piscina panoramica e ristoranti raffinati.

- Fascia di prezzo: USD 250-450+ a notte.

10. Palissandro Hong Kong

- Indirizzo: Victoria Dockside, 18 Salisbury Road, Tsim Sha Tsui, Kowloon, Hong Kong.

- Offerte: Hotel ultra-lussuoso con sistemazioni spaziose, una posizione sul lungomare e una cucina eccezionale.

- Fascia di prezzo: USD 500-800+ a notte.

Si prega di notare che le fasce di prezzo indicate sono approssimative e possono variare in base a fattori quali la disponibilità delle camere, le tariffe stagionali e le promozioni speciali. Si consiglia di controllare il sito ufficiale dell'hotel o di contattarli direttamente per le informazioni più accurate e aggiornate. Inoltre, le recensioni di altri viaggiatori possono fornire preziose informazioni sulla qualità dei servizi e dei comfort offerti da ciascun hotel.

Alberghi

Hong Kong offre una vasta gamma di opzioni di alloggio e le pensioni offrono un'alternativa più intima ed economica agli hotel. Queste strutture spesso offrono un'esperienza unica e locale per i viaggiatori che cercano un soggiorno più coinvolgente. Di seguito, troverai informazioni sulle pensioni a Hong Kong, inclusi indirizzi, offerte e fasce di prezzo approssimative.

1. Ostello Hoho

- **Indirizzo:** Appartamento B2, 5/F, Blocco B, Chungking Mansion, 40 Nathan Road, Tsim Sha Tsui, Kowloon, Hong Kong.

- **Offerte:** Hoho Hostel si trova all'interno di Chungking Mansion e offre sistemazioni a prezzi accessibili a Tsim Sha Tsui. La struttura offre dormitori misti e per sole donne, oltre a camere private. La connessione Wi-Fi è gratuita e la struttura si trova a pochi passi dalle principali attrazioni e dai mezzi pubblici.

- **Fascia di prezzo:** HKD 250-550 a notte.

2. Ostello economico

- **Indirizzo:** Appartamento A4, 10/F, Blocco A, Chungking Mansion, 36-44 Nathan Road, Tsim Sha Tsui, Kowloon, Hong Kong.

- **Offerte:** Il Budget Hostel si trova a Chungking Mansion e offre sistemazioni economiche a Tsim Sha Tsui. La struttura offre una vasta gamma di tipologie di camere, tra cui dormitori e camere private. La sua posizione centrale garantisce un facile accesso a negozi, ristoranti ed esperienze culturali.

- **Fascia di prezzo:** HKD 200-450 a notte.

3. Locanda Reliance

- **Indirizzo:** Flat F1, 13/F, Mirador Mansion, 58 Nathan Road, Tsim Sha Tsui, Kowloon, Hong Kong.

- **Offerte:** Il Reliance Inn si trova a Mirador Mansion e offre sistemazioni economiche a Tsim Sha Tsui. La struttura offre dormitori misti e per sole donne, oltre a camere private. La sua posizione centrale garantisce un facile accesso a negozi, ristoranti e attrazioni culturali.

- **Fascia di prezzo:** HKD 250-550 a notte.

4. Ostello Everest

- **Indirizzo:** Flat C, 2/F, Mirador Mansion, 58 Nathan Road, Tsim Sha Tsui, Kowloon, Hong Kong.

- **Offerte:** L'Everest Hostel si trova a Mirador Mansion, e offre sistemazioni economiche a Tsim Sha Tsui. La struttura offre una varietà di tipologie di camere, tra cui dormitori e camere private. La connessione Wi-Fi è gratuita e la struttura si trova a pochi passi dalle principali attrazioni.

- **Fascia di prezzo:** HKD 220-480 a notte.

Queste pensioni si rivolgono a diversi budget e offrono diversi livelli di comfort e servizi. È essenziale considerare le tue preferenze e le tue esigenze quando scegli l'alloggio. Inoltre, i prezzi possono variare in base a fattori quali la stagione, la disponibilità e le promozioni in corso. Controlla sempre le ultime recensioni e informazioni prima di effettuare prenotazioni per assicurarti un soggiorno piacevole e divertente a Hong Kong.

Capitolo 5

Come muoversi

Autobus

Spostarsi a Hong Kong in autobus è un modo efficiente ed economico per esplorare la città. L'ampia rete di autobus copre una vasta area, collegando diversi quartieri e fornendo un comodo mezzo di trasporto. Ecco una guida su come spostarsi a Hong Kong in autobus, con informazioni chiave su percorsi, tariffe e consigli per un viaggio senza intoppi.

Tipi di autobus:

1. **Autobus urbani:** questi autobus operano all'interno delle aree urbane e collegano vari quartieri. Sono codificati a colori e i percorsi vengono visualizzati sia in inglese che in cinese.

2. **New World First Bus (NWFB) e Citybus:** sono i principali operatori di autobus di Hong Kong, che forniscono una rete completa di percorsi in tutta la città.

3. **Kowloon Motor Bus (KMB):** un altro importante operatore di autobus che serve Kowloon e i Nuovi Territori. Come NWFB e Citybus, KMB gestisce una vasta gamma di percorsi.

Percorsi e destinazioni degli autobus:

1. **Numeri di percorso:** Le linee di autobus a Hong Kong sono identificate da numeri. Il numero viene visualizzato sulla parte anteriore, laterale e posteriore dell'autobus.

2. **Visualizzazione della destinazione:** la destinazione dell'autobus è ben visibile sulla parte anteriore, quindi assicurati di controllarla prima di salire a bordo. Le fermate degli autobus di solito hanno mappe del percorso e orari.

3. **Terminal degli autobus: i** principali distretti hanno terminal degli autobus dove è possibile trovare più percorsi. Ne sono un esempio il capolinea degli autobus Star Ferry a Tsim Sha Tsui e il capolinea degli autobus di Exchange Square a Central.

Tariffe e pagamento:

1. **Octopus Card:** il modo più conveniente per pagare i viaggi in autobus è utilizzare una Octopus Card. Questa smart card contactless può essere utilizzata su autobus, MTR (metropolitana), traghetti e persino per piccoli acquisti nei minimarket.

2. **Tariffa esatta in monete:** se non hai una Octopus Card, puoi pagare la tariffa esatta in monete quando

sali a bordo. La tariffa varia in base alla distanza percorsa.

Fermate e orari degli autobus:

1. **Fermate dell'autobus: le** fermate dell'autobus si trovano in tutta la città e sono contrassegnate da cartelli che mostrano i numeri delle linee e un elenco di destinazioni.

2. **Orari:** Gli orari sono spesso affissi alle principali fermate degli autobus, fornendo informazioni sui percorsi che si fermano lì e sui loro orari.

Consigli per prendere l'autobus:

1. **Ore di punta:** evita di prendere gli autobus durante le ore di punta, se possibile, poiché possono essere affollati. Le ore di punta sono in genere la mattina (dalle 7:30 alle 9:30) e il tardo pomeriggio (dalle 17:30 alle 19:30).

2. **Percorsi espressi:** alcuni autobus operano come percorsi espressi con meno fermate, il che li rende più veloci per i viaggi più lunghi.

3. **Autobus notturni: gli** autobus notturni operano durante le ore notturne, quando gli altri mezzi di trasporto pubblico sono limitati. Questi autobus sono preceduti dalla lettera "N".

4. **Priorità dei posti a sedere:** i posti prioritari sono riservati ai passeggeri anziani, alle donne incinte e alle persone con disabilità. Sii rispettoso e offri il tuo posto se occupi un posto prioritario.

5. **Interscambi di autobus:** i principali distretti e snodi di trasporto dispongono di interscambi di autobus, dove è possibile spostarsi facilmente tra le diverse linee di autobus.

Percorsi di autobus popolari:

1. **Bus 15 (Central to The Peak):** offre un viaggio panoramico fino a Victoria Peak.

2. **Bus 6 (da Stanley a Central):** ti porta dal vivace quartiere Central al tranquillo Stanley.

3. **Autobus 171 (da Tsim Sha Tsui a Tai O):** collega la città di Tsim Sha Tsui al tradizionale villaggio di pescatori di Tai O.

4. **Bus 260 (da Sha Tin a Central):** Viaggia dai Nuovi Territori (Sha Tin) al cuore di Central.

5. **Autobus 973 (da Tsim Sha Tsui a Repulse Bay):** ti porta dalla città alla bellissima Repulse Bay.

Ricorda che il sistema di trasporto pubblico di Hong Kong è ben collegato e la combinazione di autobus con altri mezzi di trasporto come la MTR può fornire un'esperienza di viaggio senza interruzioni.

Treno

Spostarsi a Hong Kong in treno è efficiente, conveniente e uno dei mezzi di trasporto più popolari. Il sistema ferroviario di trasporto di massa (MTR) è esteso, copre l'isola di Hong Kong, Kowloon, i Nuovi Territori e persino il collegamento al confine con la Cina continentale. Ecco una guida completa su come muoversi a Hong Kong in treno:

Ferrovia di trasporto di massa :

La MTR è la spina dorsale del trasporto pubblico di Hong Kong. È composto da diverse linee, ciascuna codificata a colori, e collega i principali quartieri, le aree commerciali e i quartieri residenziali. Ecco una panoramica delle principali linee MTR:

1. **Island Line (blu):** serve l'isola di Hong Kong, collegandosi da Kennedy Town a Chai Wan.

2. **Linea Tsuen Wan (rossa): collega Tsuen Wan** nei Nuovi Territori al centro dell'isola di Hong Kong.

3. **Linea Kwun Tong (verde):** Va da Tiu Keng Leng nei Nuovi Territori a Whampoa a Kowloon.

4. **Linea Tseung Kwan O (viola):** collega North Point sull'isola di Hong Kong a Po Lam nei Nuovi Territori.

5. **Linea Tung Chung (arancione):** collega l'isola di Hong Kong all'isola di Lantau, comprese Tung Chung e Hong Kong Disneyland.

6. **East Rail Line (azzurro):** collega Hung Hom a Kowloon ai Nuovi Territori settentrionali e al confine con la Cina continentale.

7. **West Rail Line (Light Purple):** Va da Tuen Mun nel nord-ovest a Hung Hom a Kowloon.

8. **Ma On Shan Line (marrone):** collega Tai Wai a Wu Kai Sha nei Nuovi Territori.

9. **Disneyland Resort Line (Rosa):** linea dedicata che serve Hong Kong Disneyland Resort.

10. **South Island Line (blu scuro):** si estende da Admiralty a South Horizons sull'isola di Hong Kong.

Utilizzo dell'MTR:

1. **Tariffe e biglietti:**

o Usa una **Octopus Card:** La Octopus Card è una smart card ricaricabile che può essere utilizzata su tutti i mezzi pubblici, compresa la MTR. Offre tariffe scontate rispetto ai biglietti di corsa semplice.

o **Biglietti di corsa semplice:** se non si dispone di una Octopus Card, è possibile acquistare i biglietti di corsa singola presso le biglietterie automatiche delle stazioni MTR.

2. **Strutture della stazione:**

o Le stazioni MTR sono dotate di servizi come biglietterie automatiche, banchi informazioni, servizi igienici e negozi.

o **Ascensori e scale mobili:** la maggior parte delle stazioni è dotata di ascensori e scale mobili per facilitare l'accesso.

3. **Frequenza dei treni:**

o I treni circolano frequentemente, soprattutto nelle ore di punta, con tempi di attesa generalmente inferiori ai 5 minuti.

4. **Stazioni di interscambio:**

o Alcune stazioni servono più linee MTR, consentendo facili trasferimenti. Gli esempi includono Admiralty, Mong Kok e Kowloon Tong.

Espresso per l'aeroporto:

L'Airport Express è un servizio ferroviario dedicato che collega l'aeroporto internazionale di Hong Kong al centro della città. Le stazioni principali includono:

1. **Stazione di Hong Kong:** situata nel centro dell'isola di Hong Kong.

2. **Stazione di Kowloon:** situata a West Kowloon.

L'Airport Express offre un modo rapido e conveniente per viaggiare tra l'aeroporto e la città, con un tempo di percorrenza di circa 24 minuti.

Suggerimenti per l'utilizzo dell'MTR:

1. **Mind the Gap:** presta attenzione allo spazio tra il treno e la banchina quando sali o scendi.

2. **Posti prioritari: i** posti prioritari sono disponibili per i passeggeri con esigenze speciali. Sii premuroso e offri questi posti a coloro che ne hanno bisogno.

3. **Ore** di punta: le ore di punta mattutine sono generalmente dalle 7:30 alle 9:30 e le ore di punta serali dalle 17:30 alle 19:30. I treni possono essere affollati durante questi orari.

4. **App MTR:** utilizza le app mobili o il sito Web ufficiale MTR per informazioni in tempo reale sugli orari dei treni, sugli aggiornamenti del servizio e sui servizi della stazione.

5. **Fai attenzione ai tuoi effetti personali:** Hong Kong è una città sicura, ma è sempre saggio tenere d'occhio i tuoi effetti personali, soprattutto nelle aree affollate.

6. **Esplora i centri commerciali MTR:** alcune stazioni MTR sono integrate con i centri commerciali,

offrendo opzioni aggiuntive per lo shopping e la ristorazione.

7. **Prendi lo Star Ferry:** prendi in considerazione la possibilità di combinare il tuo viaggio in MTR con un giro sull'iconico Star Ferry, che collega Tsim Sha Tsui e Central.

8. **Servizio per la Cina continentale:** il servizio ferroviario ad alta velocità collega Hong Kong a varie città della Cina continentale, tra cui Shenzhen e Guangzhou.

Il sistema MTR di Hong Kong non è solo un mezzo di trasporto pratico, ma anche un'esperienza in sé. I treni efficienti e puliti, insieme alla facilità di connettività, la rendono una scelta preferita sia per la gente del posto che per i turisti che esplorano la vivace città.

Taxi e ride sharing

Spostarsi in taxi e utilizzare i servizi di ridesharing è un modo comodo e popolare per spostarsi a Hong Kong, offrendo flessibilità e comfort. Ecco una guida sull'utilizzo dei taxi e dei servizi di ridesharing in città:

Tattismo:

Caratteristiche principali:

1. **Taxi rossi:** gli iconici taxi rossi di Hong Kong operano in tutta la città.

2. **Taxi verdi:** i taxi verdi operano nei Nuovi Territori e in alcune parti della città non facilmente raggiungibili dai taxi rossi.

3. **Disponibilità:** I taxi sono prontamente disponibili e possono essere fermati per strada o noleggiati presso le stazioni dei taxi.

Tariffe:

1. **Tariffe con tassametro:** i taxi di Hong Kong operano con un sistema tariffario con tassametro.

2. **Supplemento:** potrebbero essere applicati costi aggiuntivi per pedaggi, bagagli e viaggi attraverso i tunnel.

3. **Ricevute: I taxi forniscono ricevute stampate su richiesta.**

Consigli per prendere il taxi:

1. **Contanti preferiti:** i taxi accettano principalmente contanti. Alcuni possono accettare carte di credito, ma è consigliabile portare con sé una quantità sufficiente di contanti.

2. **Barriera linguistica:** anche se molti tassisti capiscono l'inglese di base, è utile avere la destinazione scritta in cinese per una migliore comunicazione.

3. **Stazioni dei taxi:** i taxi possono essere trovati presso le stazioni dei taxi designate vicino alle principali attrazioni, hotel e snodi di trasporto.

4. **Ore di punta:** i taxi possono essere scarsi durante le ore di punta, soprattutto nelle zone più popolari. Prendi in considerazione un mezzo di trasporto alternativo durante le ore di punta.

Servizi di ridesharing:

Servizi popolari:

1. **Uber: Uber** opera a Hong Kong, fornendo un'alternativa ai taxi tradizionali.

2. **Altre app:** sono disponibili anche app di ridesharing locali come "DiDi".

Suggerimenti per l'utilizzo dei servizi di ridesharing:

1. **Wi-Fi o dati:** assicurati di disporre di una connessione Internet attiva per utilizzare le app di ridesharing.

2. **Opzioni della lingua:** le app di ridesharing hanno spesso opzioni di lingua, rendendole accessibili agli utenti di lingua inglese.

3. **Stime delle tariffe:** le app forniscono stime delle tariffe prima di confermare la corsa.

4. **Funzioni di sicurezza:** le app di ridesharing offrono funzioni di sicurezza come le informazioni sul conducente e il monitoraggio in tempo reale.

Consigli generali per i taxi e il ridesharing:

1. **Preparati con i contanti:** mentre il ridesharing è senza contanti, i taxi di solito preferiscono i pagamenti in contanti.

2. **Mancia: la** mancia non è obbligatoria, ma è comune arrotondare la tariffa per eccesso.

3. **Allacciare la cintura di sicurezza:** assicurarsi di allacciare la cintura di sicurezza per sicurezza.

4. **Conosci la tua destinazione:** fai scrivere il tuo indirizzo di destinazione in cinese per facilitare la comunicazione.

5. **Evita le ore di punta: i** taxi e i servizi di ridesharing possono essere molto richiesti durante le ore di punta. Pianifica di conseguenza.

Sia che tu scelga un taxi tradizionale o un servizio di ridesharing, entrambe le opzioni offrono un trasporto efficiente e affidabile a Hong Kong. Prendi in considerazione fattori come la disponibilità, le preferenze di pagamento e la convenienza quando decidi tra taxi e ridesharing per il tuo viaggio in città.

Noleggiare un'auto

Noleggiare un'auto a Hong Kong non è così comune come in altre destinazioni a causa del sistema di trasporto pubblico ben sviluppato della città, delle aree urbane compatte e della guida a sinistra. Tuttavia, per chi preferisce la flessibilità di un veicolo privato, ecco una guida al noleggio auto a Hong Kong:

Compagnie di autonoleggio:

1. **Hertz:** Hertz è una società di autonoleggio internazionale con una presenza a Hong Kong. Offrono una varietà di veicoli a noleggio.

2. **Avis:** Avis è un'altra nota società di autonoleggio internazionale con servizi a Hong Kong. Forniscono una gamma di veicoli, tra cui berline e SUV.

3. **Europcar:** Europcar è una società di autonoleggio globale con filiali a Hong Kong, che offre una selezione di auto per diverse esigenze.

4. **SIXT:** SIXT è una società internazionale di autonoleggio con sede a Hong Kong, che fornisce una flotta di veicoli a noleggio.

Requisiti per noleggiare un'auto:

1. **Patente di guida:** per noleggiare un'auto è necessario disporre di una patente di guida

internazionale valida o di una patente di guida rilasciata da un paese riconosciuto da Hong Kong.

2. **Limite di età:** l'età minima per noleggiare un'auto è solitamente di 21 anni e alcune società di noleggio possono richiedere che i conducenti abbiano almeno 25 anni per alcuni tipi di veicoli.

3. **Carta di credito:** in genere è richiesta una carta di credito per la transazione di noleggio. Alcune aziende possono anche accettare carte di debito.

4. **Assicurazione:** le compagnie di autonoleggio di solito forniscono una copertura assicurativa di base, ma puoi optare per una copertura aggiuntiva per una protezione aggiuntiva.

Guidare a Hong Kong:

1. **Guida a sinistra:** Hong Kong segue la guida a sinistra, che può essere diversa dall'orientamento di guida in alcuni paesi.

2. **Regole del traffico:** familiarizza con le regole del traffico locali, i segnali stradali e i regolamenti.

3. **Parcheggio:** Trovare parcheggio, soprattutto nelle aree affollate, può essere difficile. Alcuni hotel possono fornire un parcheggio.

4. **Pedaggi:** alcune autostrade e tunnel potrebbero avere pedaggi. Assicurati di avere abbastanza contanti per pagare i pedaggi.

Pro e contro del noleggio di un'auto a Hong Kong:

Pro:

1. **Flessibilità:** Avere un'auto offre la flessibilità di esplorare aree meno accessibili.

2. **Convenienza:** il noleggio auto è conveniente per chi viaggia con la famiglia o trasporta una quantità significativa di bagagli.

3. **Privacy: un** 'auto privata offre un livello di privacy che potrebbe essere preferito da alcuni viaggiatori.

Contro:

1. **Traffico e parcheggio:** Hong Kong può essere soggetta a traffico intenso e trovare parcheggio può essere difficile.

2. **Trasporto pubblico:** il trasporto pubblico è ben sviluppato e spesso più comodo per spostarsi in città.

3. **Guida** a sinistra: Adattarsi alla guida a sinistra può essere difficile per chi è abituato alla guida a destra.

Consigli per noleggiare un'auto a Hong Kong:

1. **Prenota in anticipo:** assicurati la tua auto a noleggio in anticipo, soprattutto durante l'alta stagione.

2. **Comprendi il contratto di noleggio:** leggi i termini e le condizioni del contratto di noleggio, inclusa la copertura assicurativa e le polizze sul carburante.

3. **GPS:** Prendi in considerazione l'idea di noleggiare un'auto con un sistema GPS per navigare più facilmente per le strade.

4. **Verifica la presenza di danni:** prima di accettare l'auto, ispezionala accuratamente per eventuali danni e assicurati che siano documentati dalla società di noleggio.

Anche se noleggiare un'auto a Hong Kong potrebbe non essere la scelta più comune per spostarsi, può essere adatta a specifiche esigenze di viaggio. Considera sempre fattori come le condizioni del traffico, la disponibilità di parcheggi e la comodità dei trasporti pubblici quando decidi se noleggiare un'auto a Hong Kong.

Capitolo 6

Cucine e ristorazione

I migliori ristoranti

Hong Kong è un paradiso culinario, che offre una vasta gamma di opzioni gastronomiche che mettono in mostra il ricco patrimonio gastronomico della città. Dai tradizionali dim sum cantonesi alla cucina internazionale, la scena gastronomica di Hong Kong soddisfa ogni palato. Ecco un elenco curato dei migliori ristoranti di Hong Kong, che abbracciano varie cucine ed esperienze culinarie.

1. Tim Ho Wan (Negozio specializzato DimDimSum Dim Sum)

- **Indirizzo:** Varie località, tra cui Sham Shui Po e North Point.

- **Cucina:** Dim Sum

- **Panoramica:** Tim Ho Wan è rinomato per le sue umili origini come ristorante di dim sum che si è guadagnato una stella Michelin. Offre dim sum a prezzi accessibili ma deliziosi, con piatti d'autore come i famosi panini di maiale al barbecue.

2. Din Tai Fung

- **Indirizzo:** Negozio 306, 3/F, Silvercord, 30 Canton Road, Tsim Sha Tsui.

- **Cucina:** Taiwanese, Dim Sum

- **Descrizione:** Originario di Taiwan, il Din Tai Fung è famoso per i suoi xiao long bao (gnocchi di zuppa) meticolosamente realizzati. Il menu del ristorante si estende a una varietà di prelibatezze taiwanesi e shanghainesi.

3. Innovazione Bo

- **Indirizzo:** Shop 13, 2/F, J Residence, 60 Johnston Road, Wan Chai.

- **Cucina:** Gastronomia Molecolare, Cinese

- **Panoramica:** Bo Innovation, guidato dall'innovativo chef Alvin Leung, combina i sapori tradizionali cinesi con tecniche moderne. Il risultato è un'esperienza culinaria all'avanguardia, con piatti che sfidano le norme culinarie.

4. Re dei polmoni Heen

- **Indirizzo:** Four Seasons Hotel Hong Kong, 8 Finance Street, Central.

- **Cucina:** Cantonese, Dim Sum

- **Panoramica:** Primo ristorante cinese a ricevere tre stelle Michelin, il Lung King Heen del Four Seasons Hotel Hong Kong è rinomato per la sua squisita cucina cantonese e il dim sum. La vista sul porto si aggiunge alla lussuosa esperienza culinaria.

5. Ambra

- **Indirizzo:** Il punto di riferimento Mandarin Oriental, 15 Queen's Road Central, Central.

- **Cucina:** Francese

- **Panoramica:** Amber, guidato dallo chef Richard Ekkebus, è un ristorante con due stelle Michelin noto per la sua cucina francese contemporanea. Il sofisticato menu mette in mostra i migliori ingredienti e l'artigianato culinario.

6. Regno Jumbo

- **Indirizzo:** Shum Wan Pier Drive, Wong Chuk Hang.

- **Cucina:** Frutti di mare, Cantonese

- **Panoramica:** Jumbo Kingdom è un iconico ristorante galleggiante con una ricca storia. Conosciuta per i suoi elaborati piatti a base di pesce e la cucina tradizionale cantonese, offre un'esperienza culinaria unica sull'acqua.

7. Tosca di Angelo

- **Indirizzo:** 102/F, The Ritz-Carlton, Hong Kong, International Commerce Centre, 1 Austin Road West, Kowloon.

- **Cucina: Italiana**

- **Panoramica:** Situato nel Ritz-Carlton con una vista mozzafiato sul Victoria Harbour, Tosca di Angelo offre una raffinata esperienza culinaria italiana. Il menu presenta autentici sapori italiani realizzati con precisione.

8. Uccello da cortile

- **Indirizzo:** 33-35 Bridges Street, Sheung Wan.

- **Cucina:** Giapponese, Yakitori

- **Panoramica:** Yardbird è un locale yakitori alla moda noto per la sua atmosfera informale e gli spiedini appetitosi. Con un'attenzione particolare all'utilizzo di ingredienti di alta qualità e di provenienza locale, è diventato uno dei preferiti sia dalla gente del posto che dai visitatori.

9. Capriccio

- **Indirizzo:** Four Seasons Hotel Hong Kong, 8 Finance Street, Central.

- **Cucina:** Francese

- **Panoramica:** Caprice è un ristorante francese con tre stelle Michelin al Four Seasons. Offre un ambiente elegante con un menu che celebra le classiche tecniche culinarie francesi e gli ingredienti di stagione.

10. Casa Da Tè Luk Yu

- **Indirizzo:** 24-26 Stanley Street, Central.

- **Cucina:** Cantonese, Dim Sum

- **Panoramica:** La Luk Yu Tea House è un'istituzione storica che serve dim sum cantonesi tradizionali dal 1933. L'affascinante ambiente evoca un'epoca passata, rendendolo un luogo popolare per le classiche delizie dim sum.

11. Mott 32

- **Indirizzo:** Standard Chartered Bank Building, 4-4A Des Voeux Road, Central.

- **Cucina:** Cantonese, Sichuan, Pechino

- **Panoramica:** Mott 32 combina sapori provenienti da varie regioni della Cina, offrendo una visione contemporanea della cucina cinese. L'elegante ristorante è noto per l'anatra alla pechinese, il dim sum e i cocktail fantasiosi.

12. Il Presidente

- **Indirizzo:** 18 U Fong, Central.

- **Cucina:** Cantonese

- **Panoramica:** The Chairman è un ristorante stellato Michelin che si concentra su ingredienti di provenienza sostenibile e sapori tradizionali cantonesi. Il menu propone piatti classici rivisitati in chiave moderna.

13. Luna primaverile

- **Indirizzo:** La penisola di Hong Kong, Salisbury Road, Tsim Sha Tsui.

- **Cucina:** Cantonese

- **Descrizione:** Spring Moon at The Peninsula è un elegante ristorante noto per la sua autentica cucina cantonese. Con un ambiente sofisticato, offre una gamma di prelibatezze preparate con precisione.

14. Il Tai Pan

- **Indirizzo:** Il Murray, 22 Cotton Tree Drive, Centrale.

- **Cucina:** Internazionale, Cantonese

- **Panoramica:** Il Tai Pan si trova in The Murray, un hotel di lusso. Offre un menu diversificato che combina sapori internazionali con influenze cantonesi, il tutto in un ambiente elegante e contemporaneo.

15. Ho Lee Fook

- **Indirizzo:** G/F, 1-5 Elgin Street, Soho, Central.

- **Cucina:** Cinese, Fusion

- **Panoramica:** Ho Lee Fook è un ristorante alla moda che riunisce influenze culinarie cinesi e occidentali moderne. L'atmosfera vivace, i piatti creativi e l'arredamento eclettico lo rendono uno dei preferiti dalla gente del posto e dagli espatriati.

Questi ristoranti di alto livello rappresentano la diversità culinaria che definisce la scena gastronomica di Hong Kong. Dagli stabilimenti stellati Michelin alle gemme nascoste che servono specialità locali, ogni ristorante offre un'esperienza culinaria unica e memorabile in questa vibrante città. Che tu sia un fan del dim sum tradizionale, della raffinata cucina francese o degli innovativi piatti fusion, Hong Kong ha qualcosa per soddisfare ogni desiderio gastronomico.

Piatti tradizionali da provare

Hong Kong vanta un ricco patrimonio culinario che fonde i sapori tradizionali cinesi con influenze internazionali, dando vita a una vasta gamma di piatti appetitosi. Ecco alcuni piatti tradizionali di Hong Kong che dovete assolutamente provare per apprezzare appieno l'offerta culinaria della città:

1. Somma dimagrante:

- **Descrizione:** Il Dim Sum è un classico della cucina cantonese con porzioni di vari piatti serviti in piccoli cestini per la cottura a vapore o su piccoli piatti. Gli articoli dim sum popolari includono gnocchi, panini, involtini primavera e involtini di riso.

2. Oca arrosto:

- **Descrizione:** L'oca arrosto è una prelibatezza di Hong Kong nota per la sua pelle croccante e la carne succulenta. L'oca viene marinata e arrostita alla perfezione, creando una deliziosa combinazione di sapori e consistenze.

- **Da provare:** Yung Kee a Central è rinomato per la sua oca arrosto.

3. Zuppa di noodle Wonton:

- **Descrizione:** La zuppa di noodle Wonton è un piatto confortante a base di wonton (gnocchi ripieni di gamberi o maiale) e tagliatelle sottili all'uovo in un brodo saporito. È un punto fermo nella cultura dei noodle di Hong Kong.

- **Da provare:** Mak's Noodle in Central è famoso per i suoi autentici wonton noodles.

4. Riso Claypot:

- **Descrizione:** Il riso Claypot è un piatto sostanzioso in cui il riso viene cotto in una pentola di terracotta con vari condimenti come salsiccia cinese, salumi e verdure. Il fondo della pentola sviluppa un delizioso strato croccante.

- **Da provare:** il riso Kwan Kee Claypot a Sham Shui Po è un luogo popolare per questo piatto.

5. Panino all'ananas (Bolo Bao):

- **Descrizione:** Il panino all'ananas, o Bolo Bao, è un panino dolce con una crosta friabile, simile a un biscotto, in cima, che ricorda la consistenza di un ananas. Nonostante il nome, in genere non contiene ananas.

- **Da provare: il** Kam Wah Café a Prince Edward è noto per il suo classico panino all'ananas.

6. Zuppa di noodle di petto di manzo:

- **Descrizione:** La zuppa di petto di manzo presenta un petto di manzo tenero e cotto lentamente servito in un brodo saporito con tagliatelle. È un piatto confortante e appagante.

- **Da provare: il** ristorante Kau Kee a Central è rinomato per i suoi noodles di petto di manzo.

7. Spaghetti di riso piatti saltati in padella (Char Kway Teow):

- **Descrizione:** Gli spaghetti di riso piatti saltati in padella, noti come Char Kway Teow in cantonese, sono un popolare cibo di strada. Si tratta di saltare in padella spaghetti di riso piatti con salsa di soia, verdure e una scelta di proteine.

8. Tè al latte di Hong Kong:

- **Descrizione:** Il tè al latte di Hong Kong è un tè nero forte, morbido e cremoso addolcito con latte condensato. È una bevanda amata da gustare in qualsiasi momento della giornata.

- **Da provare:** Lan Fong Yuen nel centro è famosa per il suo tè al latte di Hong Kong.

9. Anatra alla pechinese:

- **Descrizione: L'anatra alla** pechinese è un piatto di anatra arrosto croccante servita con frittelle sottili, salsa hoisin e cipolle verdi affettate. Pur essendo di origine cinese settentrionale, è molto apprezzato a Hong Kong.

- **Da provare:** il cervo primaverile a Tsim Sha Tsui è rinomato per la sua anatra alla pechinese.

10. Gnocchi di gamberi e pollo (Har Cheong Gai):

- **Descrizione:** Gli gnocchi di gamberi e pollo, noti anche come Har Cheong Gai, sono un popolare spuntino cantonese. Sono gnocchi fritti ripieni di una miscela di gamberi e pollo tritato.

11. Pollo in salsa di soia (Si Yau Gai):

- **Descrizione: Il pollo in salsa di** soia è un classico piatto cantonese in cui il pollo viene marinato, quindi cotto in una saporita miscela di salsa di soia fino a quando è tenero e succulento.

- **Da provare:** la carne arrosto di Joy Hing a Wan Chai è famosa per il suo pollo con salsa di soia.

Questi piatti tradizionali racchiudono i sapori e la creatività culinaria che rendono la scena gastronomica di Hong Kong così vivace. Sia che esploriate i mercati locali o cenate in ristoranti rinomati, questi piatti offrono un delizioso viaggio attraverso i sapori unici del patrimonio culinario di Hong Kong.

Street food da provare

La vivace scena del cibo di strada di Hong Kong è un'avventura culinaria che aspetta di essere esplorata. Dai bocconcini salati ai dolci, le strade della città sono fiancheggiate da bancarelle e venditori che offrono una vasta gamma di sapori. Ecco alcuni cibi di strada da provare a Hong Kong che catturano l'essenza delle delizie culinarie locali:

1. Polpette di pesce (notte di Yun):

*   **Descrizione:** Le polpette di pesce sono uno spuntino di strada popolare e iconico di Hong Kong. Queste polpette di pasta di pesce rimbalzanti sono spesso servite su spiedini e possono essere gustate con varie salse, tra cui curry e peperoncino dolce.

2. Cialde all'uovo (Gai Daan Jai):

*   **Descrizione:** I waffle all'uovo, noti anche come Gai Daan Jai, sono waffle dolci e all'uovo con un esterno croccante e un interno morbido. Hanno la forma di una bolla e sono una deliziosa delizia di strada, che si trova spesso nei quartieri affollati.

3. Sfumature di tofu (Chou Doufu):

*   **Descrizione:** Il tofu puzzolente è un tofu fermentato noto per il suo aroma pungente. Nonostante il suo

forte odore, il gusto è sapido e saporito. Di solito viene fritto e servito con verdure sottaceto.

4. Polpette di pesce al curry:

- **Descrizione: Le polpette di pesce al curry** sono un classico cibo di strada di Hong Kong con polpette di pesce imbevute di una salsa al curry saporita e leggermente piccante. La combinazione di sapori è sia confortante che soddisfacente.

5. Siu Mai (Shumai):

- **Descrizione:** Siu Mai, o Shumai, sono gnocchi al vapore aperti ripieni di una miscela di carne di maiale, gamberetti e altri ingredienti. Sono spesso gustati con un contorno di salsa di soia e peperoncino.

6. Cheong Fun (involtini di spaghetti di riso):

- **Descrizione:** Cheong Fun è un popolare spuntino di strada composto da setosi involtini di spaghetti di riso ripieni di ingredienti come gamberetti, manzo o char siu (maiale alla griglia). Sono conditi con una salsa dolce a base di soia.

7. Crostata all'uovo in stile Hong Kong:

- **Descrizione:** Le crostate all'uovo in stile Hong Kong sono un dessert amato con una crosta friabile e burrosa e un ripieno cremoso di crema pasticcera all'uovo. Si possono trovare nelle panetterie e nelle bancarelle di strada in tutta la città.

8. Palla di sesamo (Jin Deui):

- **Descrizione:** Le palline di sesamo, note anche come Jin Deui, sono polpette di riso glutinoso fritte ricoperte di semi di sesamo. Possono essere riempiti con vari ripieni dolci come la pasta di fagioli rossi o la pasta di loto.

9. Seppie alla griglia (ebree di Yau Yu):

- **Descrizione:** Le seppie alla griglia sono un popolare cibo di strada che si trova spesso nei mercati all'aperto. Le seppie vengono marinate, grigliate alla perfezione e servite con un filo di salsa di soia.

10. Budino di tofu (Douhua):

- **Descrizione:** Il budino di tofu, o Douhua, è un dessert setoso e liscio a base di morbido tofu. Viene spesso servito con vari condimenti come pasta di fagioli rossi, arachidi e sciroppo dolce.

11. Panino all'ananas con burro (Bolo Bao):

- **Descrizione: Il panino all** 'ananas con burro, o Bolo Bao, è un panino dolce con una crosta friabile, simile a un biscotto in cima, solitamente servito con una lastra di burro al centro.

12. Gnocchi di riso glutinoso fritto (prosciutto sui gok):

- **Descrizione:** Gli gnocchi di riso glutinoso fritti, o Ham Sui Gok, sono gnocchi fritti a base di farina di riso glutinoso e ripieni di ingredienti salati come carne di maiale macinata, funghi e, talvolta, un tuorlo d'uovo salato.

13. Castagne arrostite:

- **Descrizione:** Le caldarroste sono un cibo di strada comune durante i mesi più freddi. I venditori arrostiscono le castagne su fiamme libere, conferendo un sapore affumicato a questi snack caldi e nutrienti.

14. Tentacoli di calamaro fritto:

- **Descrizione:** I tentacoli di calamaro fritto sono un popolare spuntino di street food. I tentacoli sono pastellati e fritti fino a ottenere una consistenza croccante, che li rende una delizia deliziosa e saporita.

Consigli per gustare il cibo di strada a Hong Kong:

- **Esplora i mercati notturni:** il cibo di strada è spesso più abbondante nei mercati notturni come il mercato notturno di Temple Street, il mercato di Mong Kok Street e il mercato delle donne.

- **Il denaro è il re:** la maggior parte dei venditori ambulanti preferisce i contanti, quindi è consigliabile portare con sé piccoli tagli.

- **Coda saggia:** una lunga coda è spesso un segno di gustoso cibo di strada. La gente del posto sa dove si mangia meglio, quindi non esitare a metterti in fila.

- **Sperimenta con i condimenti:** prova lo street food con vari condimenti come salsa al peperoncino, salsa di soia o salsa hoisin per esaltare i sapori.

Esplorare il cibo di strada di Hong Kong non è solo un'esperienza culinaria, ma anche un'immersione nella vibrante cultura di strada della città. Che tu stia passeggiando per i vivaci mercati o passeggiando per stretti vicoli, incontrerai un'allettante gamma di sapori che mostrano la diversità e la ricchezza della scena gastronomica di Hong Kong.

Capitolo 7

Attività all'aperto

Hong Kong, con i suoi splendidi paesaggi naturali e gli spazi urbani ben sviluppati, offre una miriade di attività all'aperto sia per la gente del posto che per i visitatori. Dai sentieri escursionistici con panorami mozzafiato alle avventure acquatiche e ai parchi ricreativi, ecco alcune attività all'aperto da praticare a Hong Kong:

1. Escursionismo:

- **Sentieri popolari:**

  o **Dragon's Back:** Noto per le sue viste panoramiche sul Mar Cinese Meridionale e i paesaggi lussureggianti.

  o **Lion Rock:** offre escursioni impegnative e viste mozzafiato su Kowloon e sull'isola di Hong Kong.

  o **Lantau Peak:** la seconda vetta più alta di Hong Kong, che offre una vista mozzafiato sull'isola di Lantau.

2. Giorni in spiaggia:

- **Repulse Bay:** una spiaggia popolare con sabbia dorata, acque limpide e un'atmosfera rilassata.

- **Spiaggia di Shek O:** Conosciuta per i suoi dintorni panoramici, è un luogo ideale per gli sport acquatici e i picnic.

- **Big Wave Bay:** famosa per la sua scena di surf e la sua bellissima costa.

3. Ciclismo:

- **Pista ciclabile del porto di Tolo:** una pista ciclabile panoramica lungo il porto di Tolo, passando per i Nuovi Territori.

- **Isola di Cheung Chau:** esplora l'isola in bicicletta, godendoti i panorami costieri e le attrazioni locali.

- **Isola di Lamma:** Pedala intorno a quest'isola tranquilla, nota per i suoi villaggi di pescatori e sentieri escursionistici.

4. Arrampicata su roccia:

- **Tung Lung Chau:** un luogo popolare per gli appassionati di arrampicata su roccia, che offre scogliere sul mare e percorsi impegnativi.

- **Shek O:** Noto per le sue opzioni di bouldering e arrampicata su roccia in riva al mare.

5. Attività acquatiche:

- **Kayak a Sai Kung:** esplora la bellissima penisola di Sai Kung facendo kayak attraverso le sue acque panoramiche.

- **Wakeboard a Deep Water Bay:** Goditi il wakeboard con lo sfondo di uno splendido scenario costiero.

6. Lezioni di yoga all'aperto:

- **Descrizione:** Partecipa a lezioni di yoga all'aperto offerte nei parchi o sulla spiaggia, combinando l'esercizio fisico con il relax.

Suggerimenti per le attività all'aperto a Hong Kong:

- **Controlla le condizioni meteorologiche:** il tempo di Hong Kong può variare, quindi controlla le previsioni prima di pianificare attività all'aperto.

- **Rimani idratato:** soprattutto durante le escursioni e le avventure all'aria aperta, porta con te acqua a sufficienza.

- **Calzature comode:** indossa scarpe comode adatte per camminare o fare escursioni.

- **Protezione solare:** usa crema solare, cappelli e occhiali da sole per proteggerti dal sole.

- **Rispetta l'ambiente:** segui i principi del Leave No Trace e rispetta la flora e la fauna locali.

Che tu sia alla ricerca di avventure adrenaliniche o di sereni rifugi naturali, le diverse offerte all'aperto di Hong Kong soddisfano tutte le preferenze. Dai parchi urbani ai sentieri escursionistici panoramici, le attività all'aperto della città offrono una miscela unica di natura e vita cittadina.

Souvenir popolari da ottenere

Hong Kong offre una varietà di souvenir unici e culturalmente ricchi che catturano l'essenza del vivace stile di vita e del patrimonio della città. Dall'artigianato tradizionale alle creazioni moderne, ecco alcuni souvenir popolari da prendere in considerazione da Hong Kong:

1. Tè cinese:

- **Descrizione:** Hong Kong è rinomata per la sua variegata selezione di tè cinesi di alta qualità. Prendi in considerazione l'acquisto di tè tradizionali come il tè Pu-erh, Oolong o Jasmine nei negozi di tè specializzati.

2. Merchandising a tema Dim Sum:

- **Descrizione:** Cerca affascinanti souvenir a tema dim sum come portachiavi, magneti o strofinacci con oggetti iconici dim sum come gnocchi e focacce.

3. Prodotti di seta cinesi:

- **Descrizione:** La seta è un tessuto tradizionale cinese e puoi trovare una gamma di prodotti in seta come sciarpe, cravatte e indumenti. Cerca oggetti con ricami intricati.

4. Opere d'arte di calligrafia cinese:

- **Descrizione:** La calligrafia è un'antica forma d'arte cinese. Acquista caratteri cinesi splendidamente scritti o opere d'arte calligrafiche personalizzate come souvenir unico e culturalmente ricco.

5. Lanterne:

- **Descrizione:** Le lanterne decorative, spesso di seta o carta, sono un simbolo della cultura tradizionale cinese. Sono disponibili in varie dimensioni e design, il che li rende un souvenir visivamente accattivante.

6. Gioielli di giada:

- **Descrizione: La** giada ha un valore culturale significativo nelle tradizioni cinesi. Prendi in considerazione l'acquisto di gioielli di giada, come bracciali, collane o ciondoli, per la loro bellezza e simbolismo.

7. Bacchette cinesi:

- **Descrizione:** Elegante e pratico, un set di bacchette cinesi è un souvenir tradizionale e funzionale. Cerca bacchette realizzate con materiali come bambù, legno o persino giada.

8. Articoli Feng Shui:

- **Descrizione:** Si ritiene che gli oggetti Feng Shui, come piccole statue, cristalli o statuette, portino fortuna ed energia positiva. Fanno souvenir premurosi e significativi.

9. Fan cinesi:

- **Descrizione:** I ventilatori portatili, spesso realizzati in seta o carta, sono sia pratici che decorativi. Sono disponibili in vari modelli, tra cui motivi tradizionali cinesi e motivi contemporanei.

10. Ricamo cinese:

- **Descrizione:** Oggetti ricamati in modo intricato come fazzoletti, tovaglie o arazzi mostrano l'arte del ricamo cinese. Questi pezzi sono spesso caratterizzati da disegni colorati e dettagliati.

11. Set di Mahjong:

- **Descrizione:** Mahjong è un popolare gioco tradizionale cinese. Acquista un set di mahjong splendidamente realizzato come souvenir unico e culturalmente significativo.

12. Spuntini in stile Hong Kong:

- **Descrizione:** Riporta alcuni snack locali come involtini di uova, panini all'ananas o pacchetti di tè al latte in stile Hong Kong. Questi souvenir commestibili sono deliziosi e rappresentativi dei sapori locali.

13. Abbigliamento tradizionale cinese:

- **Descrizione:** Gli abiti Cheongsam (Qipao) o le camicie con colletto alla coreana sono indumenti tradizionali cinesi che costituiscono souvenir eleganti e culturalmente ricchi.

14. Merchandising dello skyline di Hong Kong:

- **Descrizione:** Cerca souvenir con l'iconico skyline di Hong Kong, come cartoline, poster o oggetti decorativi. Questi spesso mostrano punti di riferimento come Victoria Harbour e lo skyline.

15. Forniture artistiche tradizionali cinesi:

- **Descrizione:** Per gli appassionati d'arte, prendi in considerazione l'acquisto di materiali artistici tradizionali cinesi come pennelli, bastoncini di inchiostro o carta di riso. Questi elementi sono sia pratici che culturalmente significativi.

Consigli per lo shopping di souvenir a Hong Kong:

- **Fai acquisti nei mercati locali:** visita mercati come il Ladies' Market, lo Stanley Market o il Temple Street Night Market per un'ampia varietà di souvenir.

- **Affare nei mercati:** la contrattazione è comune nei mercati di Hong Kong, quindi non esitare a negoziare i prezzi.

- **Verifica l'autenticità:** quando acquisti articoli come giada o seta, acquista da negozi affidabili per garantirne l'autenticità.

- **Imballaggio e trasporto:** considera le dimensioni e la fragilità dei tuoi souvenir al momento dell'acquisto e pianifica il loro trasporto sicuro.

Questi souvenir non servono solo come ricordi del tuo tempo a Hong Kong, ma riflettono anche il ricco patrimonio culturale della città. Che tu preferisca l'artigianato tradizionale o il design contemporaneo, c'è una vasta gamma di opzioni per tutti i gusti.

Quartieri dello shopping di fascia alta

Hong Kong è rinomata per la sua scena dello shopping di lusso, con marchi internazionali di fascia alta, boutique di lusso e marchi di stilisti. Ecco alcuni dei migliori quartieri dello shopping di fascia alta della città, dove puoi concederti una terapia dello shopping di lusso:

1. Centrale:

- **Descrizione:** Central è il quartiere centrale degli affari di Hong Kong e una delle principali destinazioni per lo shopping. L'area ospita flagship store di lusso, boutique di moda di fascia alta e marchi di stilisti internazionali. Landmark Hong Kong, prestigioso centro commerciale, si trova a Central e ospita numerosi marchi di lusso.

2. Baia Causeway:

- **Descrizione:** Causeway Bay è un vivace quartiere dello shopping con un'atmosfera vibrante. Times Square, uno dei principali centri commerciali di Hong Kong, si trova qui e presenta una serie di marchi di lusso, grandi magazzini di lusso e boutique alla moda. I grandi magazzini Sogo a Causeway Bay sono un'altra destinazione popolare per lo shopping di fascia alta.

3. Tsim Sha Tsui:

- **Descrizione:** Tsim Sha Tsui, situato a Kowloon, è noto per i suoi negozi di lusso lungo Nathan Road e Canton Road. Harbor City, uno dei più grandi complessi commerciali di Hong Kong, si trova a Tsim Sha Tsui e vanta un'ampia selezione di marchi di moda e lifestyle di fascia alta.

4. Luogo del Pacifico:

- **Descrizione:** Pacific Place è un complesso commerciale e di intrattenimento premium ad Admiralty. Ospita una selezione curata di boutique di lusso, negozi di stilisti e marchi di fascia alta. Il centro commerciale offre un'esperienza di shopping sofisticata in un ambiente contemporaneo.

5. Giardini Lee:

- **Descrizione:** Lee Gardens è una destinazione per lo shopping di lusso a Causeway Bay, con una collezione di boutique di fascia alta, negozi di stilisti e outlet di punta. Offre un mix di marchi di lusso internazionali e locali.

6. Elementi:

- **Descrizione:** Situato a West Kowloon, l'Elements è un grande centro commerciale collegato alla stazione di Kowloon. È dotato di una zona di lusso nota come

"Metal Zone", dove puoi trovare una gamma di marchi di lusso, moda firmata e prodotti lifestyle premium.

7. Città del porto:

- **Descrizione:** Essendo uno dei più grandi centri commerciali di Hong Kong, Harbour City a Tsim Sha Tsui ospita una pletora di boutique di lusso, flagship store e marchi di stilisti. Si affaccia sul Victoria Harbour, offrendo uno sfondo mozzafiato per la tua esperienza di shopping.

8. Il punto di riferimento:

- **Descrizione:** Il Landmark, situato in Central, è un centro commerciale di fascia alta che si rivolge agli acquirenti più esigenti. Ospita una collezione di prestigiosi marchi internazionali, esclusive boutique di moda e ristoranti di lusso.

9.1881 Patrimonio:

- **Descrizione:** 1881 Heritage, situato a Tsim Sha Tsui, è un edificio storico trasformato in complesso commerciale. Ospita marchi di lusso, boutique di stilisti e ristoranti di lusso all'interno di un affascinante ambiente architettonico.

10. Viale Lee Tung:

- **Descrizione:** Lee Tung Avenue, nel quartiere di Wan Chai, è nota per la sua architettura in stile europeo e le opzioni per lo shopping di lusso. Presenta marchi di lusso, boutique di moda e negozi di lifestyle.

Questi quartieri dello shopping di fascia alta a Hong Kong si rivolgono a coloro che cercano beni di lusso e di design, offrendo un'esperienza di vendita al dettaglio di livello mondiale in mezzo all'atmosfera dinamica e cosmopolita della città.

I migliori mercati

I vivaci mercati di Hong Kong sono una festa sensoriale, che offre una vasta gamma di prodotti, sapori locali e uno sguardo alla cultura dinamica della città. Dai tradizionali mercati di strada ai vivaci mercati notturni, questi mercati non sono solo luoghi in cui fare acquisti, ma esperienze coinvolgenti che mostrano la diversità di Hong Kong. Qui, esploriamo alcuni dei migliori mercati della città, ognuno con il suo fascino e le sue offerte uniche.

1. Mercato delle donne:

- **Posizione:** Tung Choi Street, Mong Kok

- **Descrizione:** Un vivace mercato noto per la sua atmosfera vivace e una pletora di bancarelle che offrono abbigliamento, accessori, giocattoli e souvenir alla moda. Nonostante il nome, il mercato si rivolge a tutti i sessi e a tutte le età. La contrattazione è una pratica comune qui, che aumenta l'eccitazione dell'esperienza di acquisto.

2. Mercato notturno di Temple Street:

- **Posizione:** Temple Street, Yau Ma Tei

- **Descrizione:** Uno dei mercati notturni più famosi di Hong Kong, Temple Street si anima dopo il tramonto. Le bancarelle fiancheggiano le strade, offrendo di tutto, dall'elettronica all'abbigliamento, dall'antiquariato ai servizi di cartomanzia. È un posto fantastico per immergersi nell'atmosfera locale, godersi spettacoli di strada e assaporare il delizioso cibo di strada.

3. Mercato dei fiori di Mong Kok:

- **Posizione:** Strada del mercato dei fiori, Mong Kok

- **Descrizione:** Un tripudio di colori e profumi, il mercato dei fiori di Mong Kok è un paradiso floreale. È il luogo ideale per un'ampia selezione di fiori, piante e accessori per il giardinaggio. Che tu sia un appassionato di piante o semplicemente alla ricerca di un'esplosione di natura in città, questo mercato è una delizia per gli occhi.

4. Mercato di Giada:

- **Luogo:** Kansu Street, Giordania

- **Descrizione:** Il Mercato della Giada è uno scrigno di tesori per gli appassionati di giada e per coloro che cercano souvenir unici. Dai gioielli di giada finemente intagliati alle figurine e agli ornamenti, il mercato offre una vasta gamma di articoli di giada a prezzi variabili. La contrattazione è prevista, quindi affina le tue capacità di negoziazione.

5. Mercato di Stanley:

- **Località:** Stanley, Isola di Hong Kong

- **Descrizione:** Nascosto nella pittoresca cittadina balneare di Stanley, questo mercato è uno dei preferiti sia dalla gente del posto che dai turisti. Conosciuto per la sua atmosfera rilassata, lo Stanley Market ospita bancarelle che vendono abbigliamento, accessori e oggetti d'arte e mestieri unici. Dopo lo shopping, esplora le spiagge vicine, il lungomare e i ristoranti.

6. Mercato delle pulci di Apliu Street:

- **Posizione:** Apliu Street, Sham Shui Po

- **Descrizione:** Un paradiso per gli appassionati di tecnologia e i cacciatori di occasioni, il mercato delle pulci di Apliu Street è specializzato in elettronica, gadget e beni di seconda mano. È un luogo affascinante per esplorare macchine fotografiche d'epoca, apparecchiature audio e un assortimento di articoli tecnologici. Il mercato riflette la cultura tecnologica di Hong Kong.

7. Mercato del pesce rosso:

- **Posizione:** Tung Choi Street North, Mong Kok

- **Descrizione:** Immergiti nel mondo acquatico al mercato dei pesci rossi, dove i negozi fiancheggiano la strada con vasche piene di pesci colorati, tartarughe e altre creature acquatiche. È un mercato unico e visivamente accattivante che si rivolge agli appassionati di acquari e a coloro che cercano aggiunte vivaci alle loro case.

8. Via dei frutti di mare essiccati (Sheung Wan):

- **Posizione:** Des Voeux Road West, Sheung Wan

- **Descrizione:** Immergiti nel mondo aromatico dei frutti di mare essiccati in questo mercato di Sheung Wan. Dal pesce essiccato all'abalone, fino alle erbe medicinali, il mercato offre uno sguardo sulle pratiche culinarie e medicinali tradizionali cinesi. Esplora i vicoli stretti per scoprire gemme nascoste.

9. Cat Street (Fila superiore di Lascar):

- **Ubicazione:** Sheung Wan

- **Descrizione:** Cat Street, o Upper Lascar Row, è un paradiso per gli amanti dell'antiquariato. Esplora gli affascinanti negozi e le bancarelle che offrono una varietà di oggetti d'antiquariato, curiosità e vintage. Dalle porcellane cinesi ai poster retrò, il mercato è uno scrigno di manufatti storici.

10. Mercato di via di Wan Chai:

- **Posizione:** Queen's Road East, Wan Chai

- **Descrizione: Il mercato di** Wan Chai Street è un tradizionale mercato umido dove la gente del posto acquista prodotti freschi, frutti di mare e carne. Offre uno sguardo autentico sulla vita quotidiana di Hong Kong. L'atmosfera vivace, i colori vivaci e la vasta gamma di prodotti lo rendono una tappa obbligata per chi è interessato alla cultura locale.

11. Mercato della città di Kowloon:

- **Posizione:** Nga Tsin Wai Road, città di Kowloon

- **Descrizione:** Conosciuto per la sua vasta selezione di prodotti freschi, carni e frutti di mare, il mercato della città di Kowloon è uno dei preferiti dalla gente del posto per fare la spesa. L'autenticità del mercato e la disponibilità di ingredienti rari lo rendono una gemma nascosta per gli appassionati di cibo e i cuochi casalinghi.

12. Mercato di Graham Street:

- **Posizione:** Graham Street, Centrale

- **Descrizione:** Il Graham Street Market è uno dei mercati più antichi di Hong Kong, che offre un mix di prodotti freschi, carni e prodotti secchi. È un luogo ideale per sperimentare lo stile di vita locale e l'area circostante è costellata di affascinanti caffè e ristoranti.

13. Strada della moda di Cheung Sha Wan:

- **Ubicazione:** Cheung Sha Wan Road, Sham Shui Po

- **Descrizione:** Questo mercato è un paradiso per gli appassionati di moda alla ricerca di tessuti, tessuti e accessori. Cheung Sha Wan Fashion Road è il luogo in cui molti stilisti locali si procurano i materiali per le loro creazioni. Immergiti nel vibrante mondo dei tessuti e della moda in questo vivace quartiere.

14. Mercato degli alimenti freschi di North Point:

- **Posizione:** Java Road, North Point

- **Descrizione:** Questo mercato è un centro per prodotti freschi, frutti di mare e prelibatezze locali. Passeggia tra i corridoi per ammirare i colori vivaci di frutta e verdura e assapora i sapori autentici delle offerte culinarie di Hong Kong.

15. Wing Wo Street (Via Antica):

- **Posizione:** Wing Wo Street, Sheung Wan

- **Descrizione:** Conosciuta anche come Antique Street, Wing Wo Street è fiancheggiata da negozi che offrono una vasta gamma di oggetti d'antiquariato, tra cui mobili, ceramiche e oggetti da collezione vintage. È un paradiso per i collezionisti e per coloro che cercano pezzi unici e storici.

Nei mercati di Hong Kong, l'energia vibrante, i ricchi aromi e le diverse offerte creano un'esperienza coinvolgente che va oltre lo shopping. Che tu stia cercando souvenir unici, prodotti freschi o un assaggio della cultura locale, questi mercati offrono un caleidoscopio di esperienze che riflettono l'essenza dinamica della città.

Consigli per gli acquisti

Fare shopping a Hong Kong può essere un'esperienza elettrizzante, con una miriade di mercati, centri commerciali e boutique che offrono di tutto, dall'artigianato tradizionale alla moda di fascia alta. Per sfruttare al meglio la tua avventura di shopping, considera questi suggerimenti:

Consigli generali per gli acquisti:

1. **Contrattare saggiamente:**

o La contrattazione è comune nei mercati, ma potrebbe non essere così accettabile nei negozi di fascia alta. Usa discrezione ed educazione quando negozia i prezzi.

2. **I contanti sono preferibili:**

o Mentre le carte di credito sono ampiamente accettate nei centri commerciali e nei negozi più grandi, i mercati più piccoli e i venditori ambulanti spesso preferiscono i contanti. Assicurati di avere tagli più piccoli per transazioni più facili.

3. **Acquista esentasse:**

o I turisti hanno diritto a rimborsi fiscali su determinati acquisti. Cerca i negozi che espongono un "Global Blue" o un cartello simile per lo shopping esentasse e conserva le ricevute.

4. **Comprendere il dimensionamento:**

o Le taglie dei capi di abbigliamento possono variare, quindi è consigliabile provare gli articoli prima dell'acquisto. Tieni presente che le taglie asiatiche potrebbero differire da quelle dei paesi occidentali.

Consigli per gli acquisti al mercato:

5. **Porta banconote di piccolo taglio:**

o Quando si fa la spesa nei mercati in cui la contrattazione è comune, avere banconote più piccole può rendere le transazioni più agevoli.

6. **Ispezionare prima dell'acquisto:**

o Esamina attentamente gli oggetti, soprattutto se stai acquistando oggetti d'antiquariato o prodotti fatti a mano. Verificare la qualità, l'autenticità e qualsiasi potenziale danno.

7. **Confronta i prezzi:**

o Esplora le diverse bancarelle nei mercati prima di effettuare un acquisto. I prezzi possono variare e potresti trovare lo stesso articolo a un prezzo più favorevole.

8. **Fai attenzione ai borseggiatori:**

o I mercati, soprattutto quelli affollati, possono essere bersagli per i borseggiatori. Tieni al sicuro i tuoi effetti personali e prendi in considerazione l'utilizzo di una cintura portasoldi o di una borsa a tracolla.

Consigli per lo shopping nel centro commerciale:

9. Approfitta dei saldi:

o Hong Kong ha varie stagioni di saldi e molti centri commerciali offrono sconti durante questi periodi. Controlla gli eventi di vendita, soprattutto durante le principali festività.

10. Esplora i designer locali:

o Hong Kong vanta una fiorente scena del design locale. Esplora boutique e concept shop per scoprire articoli unici di designer locali.

Consigli per lo shopping di lusso:

12. Controlla gli acquisti duty-free:

o Alcuni negozi di fascia alta offrono acquisti duty-free, offrendo l'opportunità di risparmiare su articoli di lusso.

13. Richiedi informazioni sui servizi VIP:

o Molti negozi di lusso offrono servizi personalizzati per i clienti VIP. Chiedi informazioni su questi servizi, che possono includere sessioni di shopping private e anteprime esclusive.

14. Fai attenzione ai limiti doganali:

- Se stai effettuando acquisti di lusso significativi, tieni presente i limiti doganali per riportare gli articoli nel tuo paese d'origine per evitare problemi.

Suggerimenti aggiuntivi:

15. Chiedi consigli alla gente del posto:

- La gente del posto spesso conosce i posti migliori per acquistare articoli specifici. Non esitate a chiedere consigli per scoprire gemme nascoste.

16. Porta una borsa riutilizzabile:

- Portare con sé una piccola borsa riutilizzabile pieghevole può essere comodo, soprattutto nei mercati in cui i sacchetti di plastica potrebbero non essere forniti.

17. Rimani idratato:

- Fare shopping può essere faticoso, soprattutto nei mercati affollati. Porta con te una bottiglia d'acqua e rimani idratato per tutto il giorno.

18. Mantieni una mente aperta:

- Hong Kong offre un'esperienza di shopping diversificata. Cogli l'opportunità di scoprire oggetti tradizionali e contemporanei e sii aperto a provare qualcosa di nuovo.

Tenendo a mente questi suggerimenti, sarai ben preparato a navigare nella dinamica scena dello shopping di Hong Kong e a sfruttare al meglio le tue avventure di vendita al dettaglio in questa vibrante città.

Vita notturna

La vita notturna di Hong Kong è dinamica, varia e pulsante, e offre qualcosa per tutti, dai vivaci mercati notturni alle bancarelle di cibo di strada. Che tu preferisca una serata rilassata sul lungomare o una notte di ballo nei vivaci quartieri della città, la vita notturna di Hong Kong ha tutto. Ecco una guida per vivere il meglio di Hong Kong dopo il tramonto:

1. Distretto di Soho:

- **Descrizione:** Adiacente a Lan Kwai Fong, Soho è nota per i suoi ristoranti chic e l'atmosfera vivace. È un luogo ideale per esplorare diverse opzioni culinarie e gustare cocktail nei bar sul tetto. Soho ha un'atmosfera più rilassata rispetto all'energica LKF.

2. Terrazza Knutsford:

- **Descrizione:** Nascosto a Tsim Sha Tsui, Knutsford Terrace è una gemma nascosta nota per la sua fila di bar e ristoranti all'aperto. La terrazza offre un'atmosfera rilassata con una varietà di cucine internazionali e abbeveratoi.

3. Progetta la passeggiata di Sha Tsui:

- **Descrizione:** Per una serata più rilassata, fate una passeggiata lungo il lungomare di Tsim Sha Tsui. Goditi una vista mozzafiato sul Victoria Harbour, sullo skyline dell'isola di Hong Kong e sullo spettacolo Symphony of Lights alle 20:00.

4. Mercato notturno di Temple Street:

- **Descrizione: Pur** essendo principalmente un mercato, Temple Street si anima di notte. Passeggia tra le bancarelle illuminate del mercato, goditi gli spettacoli di strada e assapora il cibo di strada locale. È un posto eccellente per una piacevole serata fuori.

5. Tetto del centro commerciale Oriental 188:

- **Descrizione:** Dirigiti verso il tetto del centro commerciale Oriental 188 a Wan Chai per un'atmosfera rilassata ma vibrante. È un luogo popolare per sorseggiare un drink con gli amici mentre si ammira il paesaggio urbano circostante.

6. Disneyland di Hong Kong:

- **Descrizione:** Disneyland non è solo per il divertimento diurno. Il parco ospita spesso eventi notturni speciali, tra cui fuochi d'artificio e feste a tema. Controlla il programma per le opzioni di intrattenimento serale.

7. Corse di cavalli a Happy Valley:

- **Descrizione:** Prova il brivido delle corse di cavalli all'ippodromo di Happy Valley. Le gare si svolgono in genere di sera e l'atmosfera è vivace con spettatori entusiasti.

8. Dim sum a tarda notte alla casa da tè Lin Heung:

- **Descrizione:** Per un'esperienza unica di vita notturna, dirigiti a Lin Heung Tea House a Central. Questa tradizionale casa da tè è nota per servire dim sum fino alle prime ore del mattino.

Consigli per godersi la vita notturna di Hong Kong:

- **Codice di abbigliamento:** molti locali di lusso hanno codici di abbigliamento, quindi è consigliabile controllare in anticipo e vestirsi di conseguenza.

- **Trasporti:** pianifica il tuo trasporto in anticipo, soprattutto se stai esplorando diversi quartieri. I trasporti pubblici di Hong Kong, tra cui MTR e autobus, sono comodi e ben collegati.

- **Sii aperto alla diversità:** la vita notturna di Hong Kong si rivolge a un pubblico eterogeneo. Cogli l'opportunità di incontrare persone di culture e background diversi.

- **Controlla gli eventi:** Hong Kong ospita vari eventi, feste e serate a tema. Controlla gli elenchi degli eventi e le promozioni per migliorare la tua esperienza di vita notturna.

Che tu stia cercando una serata sofisticata in un bar sul tetto, ballando tutta la notte in un club alla moda o godendoti una piacevole passeggiata sul lungomare, la vita notturna di Hong Kong ha qualcosa per ogni preferenza. L'energia e la diversità della città prendono vita dopo il tramonto, creando esperienze memorabili sia per la gente del posto che per i visitatori.

Conclusione

In conclusione, Hong Kong è una destinazione dinamica e poliedrica che fonde perfettamente tradizione e modernità, creando un'esperienza accattivante per i viaggiatori. Dagli imponenti grattacieli che definiscono il suo iconico skyline alle gemme nascoste incastonate nei suoi quartieri storici, Hong Kong offre una vasta gamma di attrazioni e attività che soddisfano diversi interessi.

Il ricco patrimonio culturale della città è evidente nei suoi mercati tradizionali, negli antichi templi e nei vivaci festival. I visitatori possono immergersi nelle vivaci scene di strada di luoghi come il Mercato delle Signore, esplorare la serenità del Tempio Wong Tai Sin o partecipare alla grandiosità di celebrazioni come il Mid-Autumn Festival.

Al di là della sua offerta culturale, Hong Kong è un paradiso per gli appassionati di cibo. Il panorama culinario della città è una deliziosa fusione di sapori, che vanno dalle delizie del cibo di strada come i waffle all'uovo e le polpette di pesce alle esperienze culinarie stellate Michelin. Che tu stia concedendo un banchetto di dim sum o assaporando le creazioni innovative degli chef locali, Hong Kong è un paradiso per le avventure gastronomiche.

Gli amanti della vita all'aria aperta possono esplorare i sentieri escursionistici panoramici della città, rilassarsi sulle sue pittoresche spiagge o intraprendere un viaggio verso le isole periferiche. La giustapposizione di natura e urbanità è sorprendente, offrendo una miscela unica di paesaggi all'interno di una metropoli vivace.

La vita notturna di Hong Kong è di per sé una festa, con quartieri come Lan Kwai Fong e Soho che pulsano di energia. Dai bar panoramici alla moda con vista panoramica ai leggendari locali notturni con DJ di livello mondiale, la città si anima dopo il tramonto, offrendo una varietà di opzioni per chi cerca intrattenimento e socializzazione.

Gli aspetti pratici, come i requisiti per il visto, il trasporto e l'alloggio, sono perfettamente integrati nell'esperienza del visitatore. Spostarsi in città è reso comodo da un efficiente sistema di trasporto pubblico, che offre un facile accesso alla miriade di attrazioni sparse tra l'isola di Hong Kong e Kowloon.

Mentre i viaggiatori si avventurano fuori dai sentieri battuti, scopriranno gemme nascoste, approfondimenti locali e il calore dei residenti di Hong Kong. L'essenza della città non risiede solo nei suoi monumenti iconici, ma anche nei momenti quotidiani, dal sorseggiare un tè al latte in un cha chaan teng locale al girovagare per le strade storiche di Sheung Wan.

In sostanza, Hong Kong invita all'esplorazione, promettendo un arazzo di esperienze che soddisfano uno spettro di interessi. Che tu sia affascinato dai grattacieli della città, desideroso di approfondire il suo arazzo culturale o semplicemente alla ricerca di delizie culinarie, Hong Kong è una testimonianza dell'armoniosa coesistenza di tradizione e modernità, rendendola una destinazione irresistibile per il viaggiatore più esigente.

Printed by Amazon Italia Logistica S.r.l.
Torrazza Piemonte (TO), Italy

59534920R00107